Max
Fra

nkel

Die attischen Geschworenengerichte. Ein Beitrag zum

attischen Staatsrecht

Max
Fra
̈
nkel

Die attischen Geschworenengerichte. Ein Beitrag zum attischen Staatsrecht

ISBN/EAN: 9783743679726

Hergestellt in Europa, USA, Kanada, Australien, Japan

Cover: Foto ©Suzi / pixelio.de

Weitere Bücher finden Sie auf **www.hansebooks.com**

Die
attischen Geschworenengerichte.

Ein Beitrag zum attischen Staatsrecht

von

Max Fränkel.

Berlin.
Druck und Verlag von G. Reimer.
1877.

ADOLF KIRCHHOFF

zugeeignet.

Inhalt.

Druckfehler.

S. 20 Z. 11 v. unten lies das.

„ „ Z. 2 „ „ „ ἡλιαστής.

„ 30 Z. 12 „ „ „ κυρίους.

„ 47 Z. 13 „ „ „ Zusatzantrages, den.

Jedem Leser des Aristophanes ist bekannt, dass kein Zweig des öffentlichen Lebens die Athener seiner Zeit innerlich und äusserlich mehr beschäftigt hat als die Ausübung des souveränen Aktes der Rechtsprechung. Der Komiker kann seinen Mitbürgern sagen, dass sie nichts täten als zu Gericht sitzen; bei dem biedern Strepsiades schlägt die Belehrung, dass seine Heimatstadt an der ihm gewiesenen Stelle der Erdkarte liege, deshalb nicht an, weil er um überzeugt zu werden die tagenden Geschworenen als ein unerlässliches Erkennungszeichen nicht vermissen dürfte; selbst im Reiche der Vögel wird bei dem Worte 'Athener' sogleich die Vorstellung der richterlichen Tätigkeit als eine an dem Begriffe untrennbar haftende miterregt [1]. Fragen wir, in welcher Weise die Ausübung dieser tief eingreifenden Function geregelt war, welche dem Athener nicht nur über die Ehre und das Eigentum seines Mitbürgers sondern auch über die wichtigsten politischen Maassnahmen die Entscheidung anheimgab, ohne dass von seinem Ausspruch irgend eine Berufung möglich gewesen wäre, so finden wir e i n e Ansicht allgemein verbreitet und gebilligt. Jährlich seien aus der gesammten Zahl der attischen Bürger sechstausend Geschworenenrichter, als Heliasten oder Dikasten bezeichnet,

---

[1] Aristophanes Friede 505. Wolken 207. Vögel 109.

ausgeloost und diese wiederum durch das Loos in zehn einzelne Abteilungen oder Gerichtshöfe geschieden worden [1]).

Bedenken wir, dass für die Ausloosung der heliastischen
Richter nicht alle attischen Bürger in Betracht kommen konnten,
sondern dass die Ausübung des Richteramtes an die Bedingung

---

[1]) Joh. Meursius *Solon* (1632) Cap. XV. (in Gronovs Thesaurus Bd. V.
p. 2026) schloss aus Pollux 8, 53 (χίλιοι δὲ κατὰ μὲν τὸν Σόλωνα τὰς
εἰσαγγελίας ἔκρινον), dass Solon 1000 Richter eingesetzt habe; Sam. Petitus
Leges Atticae (1635) in Wesselings Ausgabe p. 412 (vgl. p. 393 ff.) rechnete sich
4980 Richter aus, unter welchen die Diaeteten und Gaurichter mit zusammen
480 Mann einbegriffen sind. Er scheint der Erste zu sein der die unten zu
besprechende Stelle aus den Wespen des Aristophanes heranzog; in Vers 662
will er auf Grund seiner Berechnung ἓξ χιλιάσιν in πέντε χιλιάσιν ändern.
6000 Richter nahm zuerst auf dasselbe Zeugniss Henric. Valesius an,
Notae et animadversiones in Harpocrationem (Lugd. Batav. 1682) p. 325. Diese
Ansicht wurde dann von Matthiae in der sorgfältigen Abhandlung *De iudiciis
Atheniensium* in den *Miscellanea philologica* vol. I. (Altenburg 1803) p. 251 so
ausgeführt wie sie noch jetzt besteht: aus allen mehr als dreissig Jahre alten
Bürgern wurden 6000 Richter geloost, von denen 1000 als Ersatzmänner
fungirten. Hudtwalcker (Von Diaeteten 1812, S. 11) meinte, dass die
Richter an jedem Gerichtstage durch das Loos bestellt wurden. Matthiae's
Ansicht adoptirte Schoemann *De sortitione iudicum apud Athenienses* (1820)
in den *Opuscula academica* I. p. 200 ff. Nach F. V. Fritzsche's der Schoemann'schen gleichnamigen Schrift (Lips. 1835), welche durch ihre geschmack-
lose Polemik gegen dieselbe nicht erfreulicher geworden ist, p. 5 waren 6000
Richter nur zur Zeit der höchsten Blüte Athens vorhanden, vor und nach dem
peloponnesischen Kriege weniger; dass gleich von Anfang d. h. von Solon an
6000 ausgehoben worden seien und dass die Loosung damals schon bestanden
habe, meint auch Schoemann nicht (Verfassungsgeschichte Athens, 1854, S. 42).
Die Ansicht von 6000 erloosten Heliasten ist dann unbestritten geblieben: so
Grote (Fischer's Uebersetzung der Mythologie und Antiquitäten III S. 377 ff.
620ff.), der sie von Kleisthenes datirt, Tittmann, Darstellung der griechischen
Staatsverfassungen (1822) S. 215, Heffter, Die athenäische Gerichtsverfassung
(1822) S. 51, Meier, Der attische Process (1824) S. 125 u. ff., Platner, Process und Klagen bei den Attikern (1824), der in den 10 Sectionen je 600 Richter
annimmt, K. F. Herrmann, Griechische Staatsalterthümer § 134, Böckh,
Staatshaushaltung der Athener I S. 334, E. Curtius, Griechische Geschichte,
4. Aufl. II S. 217 (vgl. I S. 321), Droysen, Uebersetzung des Aristophanes
2. Aufl. S. 257.

des erreichten dreissigsten Lebensjahres geknüpft war [1]), so muss eine Anzahl von 6000 Geschworenen gegenüber der Gesammtsumme der Bürger als eine ganz ungeheure erscheinen. Ueber die Stärke der bürgerlichen Bevölkerung in Attika haben wir Nachrichten, welche eine wenigstens für unsern Zweck hinreichende Sicherheit gewähren. Als zur Verteilung einer Getreideschenkung des Königs Psammetichos von Aegypten Olympias 83, 4 die Bürgerlisten geprüft wurden, erwiesen sich, wie die Scholien zu Aristophanes' Wespen 718 aus Philochoros angeben, 4760 als unrechtmässig in das Bürgerrecht Eingedrungene, 14,240 seien als berechtigte Empfänger übrig geblieben. Man hat die letztere Zahl verschieden gedeutet: Wachsmuth [2]) beschränkt sie auf die in der Stadt selbst wohnhaften Bürger und von diesen sogar nur auf die weniger Begüterten, wogegen Bursian [3]) die örtliche Begrenzung für unmöglich hält und vielmehr „in der überlieferten Zahl die Summe der weniger bemittelten Familienväter im ganzen Lande Attika" erblickt, welche Ansicht schon Ernst Curtius ausgesprochen hatte [4]). Uns scheint es keinem Zweifel zu unterliegen, dass die Zahlen das Resultat der Revision der Bürgerlisten darstellen und dass also nach dem gültigsten Zeugnisse im Jahre 445 in Attika nur 14,240 Männer über achtzehn Jahren als echte Bürger anerkannt wurden, bei welcher Angabe, wie wir gleich sehen werden, nur eine geringe Ungenauigkeit zugestanden werden kann. Die unzweifelhaft aus derselben Quelle geflossene zweite Angabe über jene Getreideverteilung, bei Plutarch im Leben des Perikles 37, lautet: ἐπράθησαν οὖν ἁλόντες ὀλίγῳ πεντα-

[1]) Pollux Onomasticon 8, 122 ἐδίκαζον δ' οἱ ὑπὲρ τριάκοντα ἔτη ἐκ τῶν ἐπιτίμων καὶ μὴ ὀφειλόντων τῷ δημοσίῳ.
[2]) Die Stadt Athen im Alterthum I S. 564.
[3]) Literarisches Centralblatt 1875, Spalte 1082.
[4]) Griechische Geschichte II⁴ S. 801.

κισχιλίων ἐλάττους, οἱ δὲ μείναντες ἐν τῇ πολιτείᾳ καὶ κριθέν-
τες Ἀθηναῖοι μύριοι καὶ τετρακισχίλιοι καὶ τεσσαράκοντα τὸ
πλῆθος ἐξητάσθησαν. Die zweite Zahl ist hier um 200 geringer angegeben, jedenfalls aus Irrtum und zwar nicht des
Plutarch sondern seiner Abschreiber; sicher ist gegenüber der
undeutlichen Form, welche die Nachricht des Philochoros in
dem angeführten Scholion erhalten hat, dass Plutarch sie anders verstand wie die genannten Gelehrten. Dazu kommt
eine, wie uns scheint, entscheidende Erwägung: die Summe
der beiden in dem Scholion überlieferten Zahlen ergiebt die
runde Zahl 19,000; dass sich dies in Wirklichkeit so verhalten
hätte, wäre ein merkwürdiger und höchst unwahrscheinlicher
Zufall, vielmehr ist klar, dass die beiden Summanden absicht-
lich so weit modificirt sind, um ein rundes Resultat zu er-
geben, wie schon Böckh gesehen hat (Staatshaushaltung der
Athener I S. 51). Welchen Grund hätte Philochoros dazu gehabt, wenn er zwei ungleichartige, in ihrer Summe sich nicht
zu einer Einheit zusammenschliessende Factoren angegeben
hätte, die παρέγγραφοι und den Bruchteil der Bürger, welcher
das Getreide in Empfang nahm? Dass die Zahl der einge-
gangenen Meldungen, welche auf Teilnahme an der Largition
Anspruch erhoben, diese Einheit darstelle, ist unmöglich: es
könnte für den demokratischen Staat keine gehässigere Maassregel gedacht werden als eine umfassende Revision der Bürgerlisten auf die Aermeren zu beschränken; dieselbe musste vor
dem Beginn der Verteilung und der etwa dazu erforderlichen
Meldung vollzogen und auf die gesammte Bürgerschaft ausgedehnt werden. Als Grund der Abrundung bleibt demnach nur
die Absicht übrig, den nachgewiesenen Bestand der Bürgerlisten,
die Zahl der rechtmässig und unrechtmässig darin Eingetragenen, mitzuteilen [1]). Beim Ausbruch des peloponnesischen

---

[1]) In einer Urkunde aus Ol. 124, 1 *Corpus Inscriptionum Atticarum* II 314
wird ausdrücklich gesagt, dass Ol. 120, 2 eine Getreideschenkung an alle

Krieges, also vierzehn Jahre später berechnet Perikles bei Thukydides 2, 13 die Streitmacht, die Athen aufbringen kann, auf 1200 Reiter und 13,000 zum Felddienst taugliche Hopliten, also Bürger der drei ersten Steuerklassen unter Ausschluss der Theten; für den Wachtdienst seien verfügbar 16,000 Männer: ausser den Theten die ältesten und jüngsten von allen Einwohnern und die zum Hoplitendienst zugelassenen Schutzbürger. Der letzteren waren 3000 nach Thukykides 2, 31 bei der Angabe des gesammten attischen Aufgebotes, als es im Sommer 431 gegen Megara auszog: um die Anzahl der Theten schätzen zu können, sind also von 16,000 diese 3000 Nichtbürger abzuziehen und ausserdem die jungen Männer, die noch nicht das Mündigkeitsalter erreicht hatten. Erwägt man dazu die unter normalen Verhältnissen naturgemässe Vermehrung der Bevölkerung sowie die Einschleichungen in das Bürgerrecht, mit deren Ermittelung man sich bei einem Aufgebot zum Kriege am wenigsten abgegeben haben kann, so erscheinen die Angaben des Philochoros und Thukydides keineswegs im Widerspruch mit einander. Ueber die Summe von 20,000 Bürgern kommen auch die zuverlässigen Nachrichten aus dem vierten Jahrhundert wenig hinaus, die darauf Anspruch machen genauere Zahlen anzugeben [1]), wogegen es nichts verschlägt, wenn eine übertreibende Schätzung hier und da 30,000 Bürger annimmt, wo zu ziffermässiger Sorgfalt weder Absicht noch Veranlassung vorliegt [2]).

Wollten wir aber immerhin eine höhere Schätzung der Bürgerzahl zugeben, so wurde bei einer Summe von 6000 Ge-

---

Athener verteilt worden sei: ἐκόμισεν τῷ δήμῳ δωρεὰν πυρῶν μεδίμνους Ἀττικοὺς μυρίους τοὺς διαδοθέντας πᾶσιν Ἀθηναίοις ἐπ' Εὐκτήμονος ἄρχοντος.

[1]) Vgl. Böckh, Staatshaushaltung I S. 51. Leake, Topographie von Attika, deutsch von Baiter und Sauppe S. 463.

[2]) Herodot 5, 97. Den 30,000 Bürgern des Aristophanes in den Ekklesiazusen 1132 stehen in den Wespen 709 nur 20,000 gegenüber.

schworenen jedenfalls „ungefähr ein Viertel der gesammten
Bürgerschaft zu Richtern oder Heliasten gewählt" [1]): auch
von 25,000 Bürgern sollten nach Abzug der im Alter von
18—30 Jahren stehenden, für eine öffentliche Tätigkeit, so
viele übrig geblieben sein, dass 6000 ausgeloost werden konnten!
Ja noch viel mehr. Es konnten für diese Ausloosung nicht
einmal alle Männer über dreissig Jahren in Betracht kommen:
abgesehen von den nicht im Besitz der Ehrenrechte befindlichen, auch den Staatsschuldnern [2]), sind jedenfalls diejenigen
Fünfhundert abzurechnen, die in jedem Jahre als Ratsmänner
fungirten und die, da der Rat an jedem Geschäftstage Sitzungen
hielt [3]), unmöglich zugleich Geschworene sein konnten, denn wenn
auch nicht die ganze Anzahl derselben täglich fungirte, so
musste sie sich doch täglich dazu bereit halten. Ferner sind
notwendig ausser Betracht zu lassen diejenigen Beamten des
Jahres, denen ihre Obliegenheiten für die Function eines Heliasten nicht die Zeit übrig liessen oder mit deren öffentlicher
Stellung sie unvereinbar erscheinen musste: zur ersten Kategorie
gehören die allerdings erst seit Eukleides bestehenden öffentlichen Schiedsrichter, die nach den schwankenden Zeugnissen
nicht jünger sein durften wie 50 oder 60 Jahre und deren Anzahl nach der Urkunde bei Ross (Demen von Attika S. 20) aus
Olympias 113, 4 mindestens 104 betrug; auch ist es schwer
denkbar, dass diese Einzelrichter zugleich der gegenüber ihren
Sprüchen zuständigen Appellationsinstanz angehört haben
sollten [4]). Die Polizeibeamten mussten sich auf dem Markte und
am Hafen, nicht in den Gerichtslokalen aufhalten, die Elfmänner,

---

[1]) Worte J. G. Droysens, Uebersetzung des Aristophanes S. 257.

[2]) Demosthenes 24, 123. Pollux 8, 122.

[3]) Aristoteles bei Harpokration u. κυρία ἐκκλησία· (Ἀριστοτέλης) λέγων
τοὺς πρυτάνεις συνάγειν τὴν βουλὴν καὶ τὸν δῆμον, τὴν μὲν βουλὴν
ὁσημέραι, πλὴν ἐάν τις ἀγέσιμος ᾖ.

[4]) Vgl. Th. Bergk in der Zeitschrift für die Alterthumswissenschaft VII
(1849) S. 269.

die Strategen, die mannigfachen Klassen der Schatzbeamten
können wir uns nicht auf der Geschworenenbank vorstellen,
ebensowenig die Archonten, von denen die sechs Thesmotheten
als die das Heliastentum leitende Behörde selbstverständlich fort-
fallen, die Areopagiten sind durch ihre von der Religion besonders geheiligte specifische Gerichtsbarkeit ausgeschlossen.
Zu weiteren Abzügen wird uns die Erwägung nötigen, wie
beträchtlich der Zeitaufwand war, den das Richteramt erforderte und der sich nicht einmal auf die Tage beschränkte,
wo es wirklich ausgeübt wurde: täglich mussten am frühen
Morgen alle Heliasten auf dem Markte erscheinen und er-
fuhren hier erst, ob sie nicht einfach wieder nach Hause zu
gehen hatten [1]). Für die in den entfernten Demen Ange-
sessenen war es durch diese feststehende Einrichtung vollkommen unmöglich gemacht das Richteramt zu übernehmen:
wer in Psaphis oder Azenia seine Wohnung hatte, würde, auch
wenn er Tag und Nacht auf der Wanderschaft war, eben den
Weg hin und her zurückgelegt haben, für die Sitzungen selbst
wäre diesem unglücklichen perpetuum mobile keine Zeit übrig
geblieben. Einen andern Teil der in den ausserstädtischen
Demen Wohnhaften stellte die Entfernung mindestens vor die
Wahl, das Hauswesen in einem sehr beträchtlichen Umfange
im Stich zu lassen oder auf die richterliche Tätigkeit zu verzichten, und dass selbst die Gerichtswut der Athener und die
Aussicht auf den möglicherweise zu erwartenden Lohn von
drei Obolen nicht zu viele Menschen vermocht hat, sich über
das Gebot der nächsten Pflicht und der Vernunft hinwegzu-
setzen, geben vielleicht auch die zu welche sich gewöhnt
haben von dem attischen Volke ziemlich schlecht zu denken.
Um den Demoten den Weg zur Stadt möglichst zu ersparen,
sandte man ihnen eigene Einzelrichter ($\delta\iota\varkappa\alpha\sigma\tau\alpha\grave{\iota}$ $\varkappa\alpha\tau\grave{\alpha}$ $\delta\acute{\eta}\mu o\upsilon\varsigma$),

---

[1]) Aristophanes Wespen 303. Ekklesiazusen 688.

die auf dem Lande umherziehend Civilhändel innerhalb 10
Drachmen und die gewöhnlichen Injurien- und Gewalttätig-
keitsklagen schlichteten — wenn man es nicht für angemessen
hielt, den Landbewohnern sogar in ihren eigenen kleinen
Rechtsangelegenheiten besondere Bemühung zuzumuten, wie
konnte man erwarten, dass sich dieselben zur Ausübung des
Richteramtes mit ganz unverhältnissmässiger, andauernder Beschwerde belasten würden? War aus diesen Gründen schon
als sicher vorauszusetzen, dass sich die ländliche Bevölkerung
iu weit geringerem Maasse am Richteramt beteiligte als die
städtische, so haben wir dafür auch noch ein Zeugniss übrig. Als
in den Vögeln des Aristophanes der Wiedehopf zweifelt, ob das
Gewächs 'Nichtheliast' in Attika aufzutreiben sei, versichert
ihm Euelpides, dass er es bei einigem Suchen auf dem Lande
schon finden werde, was der Scholiast richtig gedeutet hat [1]).
Ferner waren die Heliasten meist bejahrte Männer, wie bei
Aristophanes vielfach ausgesprochen ist [2]); Demosthenes weist
in der dritten olynthischen Rede der Tätigkeit des Richtens
ein anderes Lebensalter zu als dem Kriegsdienste [3]), in der
Meidiana 223 heisst es, dass die Macht der Richter so gross

---

[1]) Vögel Vers 108
Ἔποψ. ποδαπὼ τὸ γένος δ'; Εὐελπίδης. ὅθεν αἱ τριήρεις αἱ καλαί.
Ἔπ. μῶν ἡλιαστά; Εὐελπ. μᾶλλὰ θατέρου τρόπου·
ἀπηλιαστά. Ἔπ. σπείρεται γὰρ τοῦτ' ἐκεῖ
τὸ σπέρμ'; Εὐελπ. ὀλίγον ζητῶν ἂν ἐξ ἀγροῦ λάβοις.
Im Scholion zu V. 111 heisst es τοῦτο λέγει, ὅτι οἱ ἄγροικοι μόνοι εἰσὶν
οἱ μὴ φιλοδίκασται.

[2]) In den Wespen 540 nennt sich der Chor der Heliasten πρεσβυτῶν ὄχλος.
Ebenda 550 τί γὰρ εὔδαιμον καὶ μακαριστὸν μᾶλλον νῦν ἐστι δικαστοῦ, |
ἢ τρυφερώτερον ἢ δεινότερον ζῷον, καὶ ταῦτα γέροντος. — Acharner 375
τῶν τ'αὖ γερόντων οἶδα τὰς ψυχάς, ὅτι | οὐδὲν βλέπουσιν ἄλλο πλὴν ψήφῳ
δακεῖν. — Ritter 255 ὢ γέροντες ἡλιασταί, φράτερες τριωβόλου.

[3]) Demosthenes 3, 35 εἰς τάξιν ἤγαγον τὴν πόλιν, τὴν αὐτὴν τοῦ λα-
βεῖν, τοῦ στρατεύεσθαι, τοῦ δικάζειν, τοῦ ποιεῖν τοῦθ' ὅτι καθ' ἡλικίαν
ἕκαστος ἔχοι καὶ ὅτου καιρὸς εἴη, τάξιν ποιήσας.

sei, weil sie sich auf die Gesetze stütze, nicht dass sie die
Kräftigsten und Jüngsten wären. Alte Männer, die für körper-
liche Arbeit nicht mehr geschickt waren und an Söhnen
oder Schwiegersöhnen .eine Vertretung in der Verwaltung von
Hauswesen und Geschäften hatten, mochten immerhin ihre
Tage auf der Gerichtsbank hinbringen und Vielen konnte der
Verdienst von drei Obolen als eine annehmbare Zubusse erscheinen, den Jüngeren mussten andere Obliegenheiten näher
liegen und wenn es darauf ankam konnten sie ihre Zeit meist
einträglicher verwerten; von den Wohlhabenden namentlich
mussten viele durch die Verwaltung von Vermögen und Geschäften an der Beteiligung verhindert werden [1]. — Ziehen
wir die Summe dieser Erwägungen, so mutet uns die herge-
brachte Meinung über die Zahl und die Bestellung der Heliasten die Voraussetzung zu, dass nach einem Abzuge nicht
bloss der Männer vom 18. bis zum 30. Jahre, sondern auch
eines grossen Teils der im mittleren Lebensalter befindlichen,
ferner der 500 Buleuten, einer Anzahl der Beamten, der öffentlichen Schiedsrichter, eines sehr erheblichen Bruchteils der
ländlichen Bevölkerung von höchstens 25,000 Athenern sich
so viele zum Geschworenendienste melden konnten, dass eine
Ausloosung von Sechstausend möglich gewesen wäre!

Wir hoffen dass es uns gelungen ist, die landläufige Ansicht als eine innerlich unmögliche, durch kein Mittel mit

---

[1] Vgl. Aristoteles Politik VI (IV) 6 „Die vierte Art der Demokratie
ist die schliesslich in den Städten entstandene. Denn da die Städte viel
grösser geworden sind als zu Anfange, und da Quellen des Wohlstandes be-
stehen, so haben in Folge des Ueberwiegens des grossen Haufens Alle Teil
am Staatsleben; sie beteiligen sich aber und üben ihre Bürgerrechte aus, da
sie müssig gehen können und da die Armen Löhnung empfangen. Am meisten
aber hat dergleichen Volk Musse, denn es hindert sie in nichts die Sorge um
Privatangelegenheiten; die Reichen aber hindert sie, so dass sie sich oftmals
an der Volksversammlung und an der Ausübung des Richteramtes
nicht beteiligen."

unserer übrigen Kenntniss vereinbare zu erweisen. Beruht sie
nun auf guten Ueberlieferungen, so dass wir in die Verlegenheit kommen, entweder wohl beglaubigte Zeugnisse verwerfen
zu müssen, weil unsere Erwägungen sie als hinfällig erscheinen
liessen oder diesen Erwägungen, die uns doch zwingend
scheinen, zu misstrauen, weil wir sie mit bestimmten und zuverlässigen Nachrichten in Widerspruch geraten sehen? Jene
Ansicht stützt sich auf Aristophanes, gewiss einen sehr kun-
digen, unverwerflichen Zeugen, und wir stünden allerdings vor
einem unlösbaren Rätsel, wenn er das wirklich aussagte, was
man ihn mit seltener Einmütigkeit aussagen lässt.

In den Wespen des Aristophanes will Philokleon seinen
Sohn von der überschwänglichen Herrlichkeit, dieser den Vater
von der Nichtigkeit des Heliastentums überzeugen. Philokleon
hat die Freuden eines Geschworenen behaglich im Detail aus-
gemalt, darauf beginnt Bdelykleon seine Widerlegung mit dem
Nachweise, ein wie geringer Teil des gesammten Staatsein-
kommens für die Löhnung der Heliasten hinreiche. Er ver-
anschlagt die Summe der öffentlichen Einkünfte auf 2000
Talente, davon bezögen die Heliasten höchstens 150 Talente:

V.660 τούτων πλήρωμα τάλαντ' ἐγγὺς δισχίλια γίγνεται ἡμῖν.
    ἀπὸ τούτου νυν κατάθες μισθὸν τοῖσι δικασταῖς ἐνιαυτοῦ,
    ἐξ χιλιάσιν — κοὔπω πλείους ἐν τῇ χώρᾳ κατένασθεν —,
    γίγνεται ἡμῖν ἑκατὸν δήπου καὶ πεντήκοντα τάλαντα.

Um seine Anschauung gegen jeden Einspruch zu sichern, setzt
Bdelykleon einen Aufwand für die Heliastenlöhnung, der weit
über das Wirkliche hinausgeht: da der tägliche Lohn drei
Obolen betrug, müssten sämmtliche der angenommenen 6000
Heliasten 300 Tage im Jahre fungirt haben, wenn 150 Talente
herauskommen sollen. Das attische Gemeinjahr hat 354 Tage,
wovon für die Gerichtssitzungen zuerst die 40 Tage abgehen,
an welchen ordentliche Volksversammlungen stattfinden mussten:

die Ausübung des einen Hoheitsrechtes durfte nicht einen grossen Teil der Bürger der Teilnahme an dem andern berauben [1]). Dies wäre aber der Fall gewesen, wenn Volksversammlung und Gerichtssitzung an demselben Tage stattgefunden hätte, da beide am frühen Morgen begannen [2]); nur die ausserordentlichen Volksversammlungen scheinen so spät angesetzt zu sein, dass vorher die Gerichte, wenn auch öfters mit beschränkter Tagesordnung, abgehalten werden konnten [3]).

---

[1]) Demosth. Timocr. (or. 24), 80 ἀδυνάτου δὲ ὄντος αὐθήμερον ἐκκλησίαν ἅμα καὶ δικαστήριον γενέσθαι. Dass an Gerichtstagen keine Volksversammlung stattfand, zeigt auch die Schrift vom Staate der Athener III 1. 2, wo als Grund, weshalb Jahr und Tag dazu gehörte, um Zutritt zu Rat und Volk in Athen zu erhalten, auch die vielen Gerichtssitzungen angegeben werden: ἔπειτα δὲ δίκας καὶ γραφὰς καὶ εὐθύνας ἐκδικάζειν, ὅσας οὐδ' οἱ σύμπαντες ἄνθρωποι ἐκδικάζουσι.

[2]) Für die Gerichte s. z. B. Aristophanes Wespen 552 (δικαστήν,) ὃν πρῶτα μὲν ἕρπον[τ'] ἐξ εὐνῆς τηροῦσ'· ἐπὶ τοῖσι δρυφάκτοις κτλ.; ebenda 216. 245. 366. Sokrates sagt in seiner Verteidigungsrede bei Platon p. 40 A ἐμοὶ δὲ οὔτε ἐξιόντι ἕωθεν οἴκοθεν ἠναντιώθη τὸ τοῦ θεοῦ σημεῖον. — Für die Volksversammlung Acharner 19 οὔσης κυρίας ἐκκλησίας ἑωθινῆς. Ekklesiaz. 20 καίτοι πρὸς ὄρθρον γ'ἔστιν· ἡ δ'ἐκκλησία αὐτίκα μάλ' ἔσται, vgl. 289 ff.

[3]) Dies schliesse ich aus einer meines Wissens unerklärten Stelle der Wespen

V. 594 κἂν τῷ δήμῳ γνώμην οὐδεὶς πώποτ' ἐνίκησεν, ἐὰν μὴ
      εἴπῃ τὰ δικαστήρι' ἀφεῖναι πρώτιστα, μίαν δικάσαντας.

Sie wird verständlich, wenn wir uns vorstellen, dass die Behörde, welche bei den Prytanen die Berufung einer ἐκκλησία σύγκλητος wegen einer dringlichen Angelegenheit beantragte, die Zeit des gewünschten Beginnes derselben mitanzugeben hatte. Die zahlreichen heliastischen Besucher der Ekklesie, meint der Komiker, stimmen nur dann im Sinne des Antrages, zu dessen Erledigung Jemand die Berufung einer ausserordentlichen Volksversammlung veranlasst hat, wenn er ihren Beginn so früh anzusetzen vorgeschlagen habe, dass die Gerichte nur eine kurze Zeit zu sitzen brauchen. Die Heliasten beweisen dem Antragsteller dann durch ihr Votum ihre Dankbarkeit dafür, dass er sie mit geringerer Mühe als gewöhnlich das richterliche Triobolon verdienen machte. Wurde eine längere Zeitdauer zur Erledigung der Tagesordnung einer σύγκλητος für erforderlich angenommen, so konnte mit Rücksicht

Ferner fielen die Gerichte aus an den Tagen übler Vorbedeutung, den ἡμέραι ἀποφράδες ¹), und beträchtlich wurde die Zahl ihrer Sitzungen durch die Festtage vermindert, deren in Athen, wie der Verfasser der Schrift vom Staate der Athener sagt, doppelt so viel als sonst in Hellas gefeiert wurden ²). Nach Meier (Der attische Process S. 153) „können wir, ohne Furcht zu viel zu tun, gewiss mehr als hundert Tage jährlich rechnen, an welchen die Gerichte ausfallen mussten," eine sehr vorsichtige Schätzung, nach welcher dennoch die 300 Tage des Bdelykleon als eine erhebliche Uebertreibung erscheinen. — Weiter setzt seine Rechnung voraus, dass alle

darauf von den spruchreifen Processen ein solcher zur Verhandlung ausgewählt werden, der sich sicher in der verfügbaren Zeit erledigen liess; ganz ausfallen wollte man die Gerichte nicht lassen, da ihr Geschäftskreis sehr gross und oft nur mit Verschleppungen zu bewältigen war: ἐκκλησίαι σύγκλητοι waren aber in kritischen Zeiten häufig (nach Aischines Von der Truggesandtschaft 72 πλείους δὲ ἐκκλησίας συγκλήτους ἠναγκάζεσθε ἐκκλησιάζειν μετὰ φόβου καὶ θορύβου ἢ τὰς τεταγμένας ἐκ τῶν νόμων) und somit wäre der gänzliche Verlust dieser Tage nicht unerheblich gewesen. In den Thesmophoriazusen 373 wird ein Ratsbeschluss wegen Berufung einer Volksversammlung, also einer σύγκλητος, parodirt, wo der Beginn besonders bestimmt wird, der also nicht ein für allemal feststand: ἔδοξε τῇ βουλῇ ... ἐκκλησίαν ποιεῖν ἕωθεν. Dass δικάσαντας (oder ἐκδικάσαντας) μίαν für das Berufungsdekret der σύγκλητοι in solchen Fällen fester Ausdruck war, zeigt ein Gegenstück unserer Stelle in den Rittern V. 48:

> ὁ βυρσοπαφλαγών, ὑποπεσών τὸν δεσπότην,
> ἤκαλλ', ἐθώπευ', ἐκολάκευ', ἐξηπάτα
> κοσκυλματίοις ἄκροισι, τοιουτὶ λέγων·
> ὦ Δῆμε, λοῦσαι πρῶτον ἐκδικάσας μίαν,
> ἐνθοῦ, ῥόφησον, ἔντραγ', ἔχε τριώβολον.

¹) Lukian Pseudolog. 12 ἀποφράς ἡμέρα· ὅταν μήτε αἱ ἀρχαὶ χρηματίζωσι μήτε εἰσαγώγιμοι αἱ δίκαι ὦσι.

²) III 8 πρὸς δὲ τούτοις οἴεσθαι χρὴ καὶ ἑορτὰς ἄγειν χρῆναι Ἀθηναίους, ἐν αἷς οὐχ οἶόν τε δικάζειν, καὶ ἄγουσι μὲν ἑορτὰς διπλασίους ἢ οἱ ἄλλοι. — Aristoph. Thesmoph. 78 καὶ πῶς; ἐπεὶ νῦν γ'οὔτε τὰ δικαστήρια | μέλλει δικάζειν οὔτε βουλῆς ἐσθ' ἕδρα, | ἐπεὶ τρίτη 'στὶ Θεσμοφορίων ἡ μέση. Vgl. Ritter 1317.

Heliasten an jedem Gerichtstage zur Ausübung ihres Amtes
kommen und den Lohn beziehen, während doch derjenige der
nicht ausgeloost wurde seines Triobolous verlustig ging: der
kleine Sohn des Heliasten bei Aristophanes richtet an seinen
Vater die ängstliche Frage, wovon er Frühstück kaufen wolle,
wenn er heute nicht zu Gericht sitzen werde (Wespen 303).
Auch in diesem Punkte wird also Bdelykleons Rede nicht von
der Wahrheit gesteuert. Wie steht es nun mit dem Factor
seiner Berechnung, der noch übrig ist, der Zahl Sechstausend?
Wird sie die einzige sein, die der Wahrheit entspricht oder
ist nicht nach der Analogie der Verdacht ein sehr gerecht-
fertigter, dass auch sie stark übertrieben ist und dass Aristophanes es durchgeführt habe, seiner ganzen Berechnung so
hohe Zahlen zu Grunde zu legen, als noch auf irgend eine
Weise für denkbar gehalten werden konnten, obwohl sie wahr
zu sein weit entfernt sind? Es ist die wohl berechnete Absicht des Komikers, gegenüber dem Enthusiasmus, in welchen
sich der Alte bei der Schilderung der Heliastenherrlichkeit
versetzt hat, den Verächter derselben als den kühleren Be-
trachter hinzustellen, der seines Sieges ganz sicher ist und
dem Gegner mit einer gewissen Geringschätzung daher mehr
zugeben kann als er verpflichtet wäre. Wir haben aber gar
nicht nötig, die Absicht des Dichters aus der Analogie zu er-
schliessen, denn er selbst giebt die Zahl 6000 gar nicht
als eine feststehende, er selbst sagt ja ausdrücklich, dass er
eine Maximalsumme annimmt. „Ziehe ab den Lohn für die
Richter eines Jahres, zieh ihn ab für sechstausend, und
mehr haben in diesem Lande noch nicht gewohnt" [1] —
kann er so sprechen von einer nach Gesetz und fester Sitte

---

[1]) Vor ἔξ χιλίασιν ist ein Komma zu setzen: die Worte bilden zu δικασταῖς eine Apposition, zu welcher κοῦπω πλείους ἐν τῇ χώρᾳ κατένασθεν
als parenthetische Epexegese tritt.

alljährlich bestellten Anzahl? Undenkbar wäre der Ausdruck „noch nicht mehr haben im Lande gewohnt".

Entgegen der aus dieser Stelle abgeleiteten Ansicht können wir vielmehr mit vollster Sicherheit aus ihr entnehmen, dass zur Zeit des Aristophanes die Zahl der Heliasten keine fest abgegrenzte war. Die richtige Auffassung seiner Worte genügt, um die bisher herrschende Vorstellung über die heliastischen Gerichte, der die gewichtigsten Bedenken entgegenstehen, zu beseitigen. Wir können aber vielleicht auch zu einem positiven Ergebniss kommen, wenn wir zu ermitteln versuchen, wie Aristophanes darauf verfallen ist, seinem Bdelykleon gerade die Zahl 6000 in den Mund zu legen.

Die Zahl Sechstausend hat im attischen Staatsrecht eine principielle Bedeutung, die wir präcise ausgedrückt finden in dem von Andokides in der Mysterienrede 87 angeführten Gesetzesparagraphen: μηδὲ ἐπ' ἀνδρὶ νόμον ἐξεῖναι θεῖναι, ἐὰν μὴ τὸν αὐτὸν ἐπὶ πᾶσιν Ἀθηναίοις, ἐὰν μὴ ἐξακισχιλίοις δόξῃ κρύβδην ψηφιζομένοις. Ein Gesetz, das sich nicht auf alle Staatsangehörige, sondern nur auf einzelne Personen erstrecken soll, also ein Privilegium, kann nicht von jeder beliebigen Anzahl von Bürgern votirt werden, wie sie der Zufall in die Volksversammlung führt, sondern die geheime Abgabe von mindestens 6000 Stimmen ist zur Gültigkeit erforderlich. Wir finden diesen Grundsatz in den einzelnen Fällen, die unter seinen Begriff gehören, tatsächlich überall angewendet: bei der Erteilung des Bürgerrechtes an einen Fremden [1]), bei Erlass von Strafe, öffentlicher Schuld und Restitution in die Ehrenrechte [2]), endlich wenn die Gemeinde zur Vermeidung von Umwälzungen die zeitweilige Entfernung

---

[1]) (Demosth.) 59, 89.
[2]) Demosth. 24, 45.

eines Bürgers beliebt, beim Ostrakismos [1]). Die Volksversammlungen, welche zur Votirung eines Privilegs berufen
sind, scheiden sich als eine ganz besondere Art von den
übrigen, nicht bloss durch das geforderte starke Minimum der
Beteiligung und durch die Garantie der Stimmfreiheit, welche
beiden Bestimmungen ihre Schlüsse gewichtiger machen
mussten, sondern auch durch äusserliche Abweichungen: sie
fanden nicht auf der Pnyx statt, sondern auf dem Markte;
offenbar um bei der grossen Anzahl der Teilnehmer die Abstimmung und die Ermittelung des Resultates zu erleichtern, war
die Gemeinde nach ihren Stämmen geordnet [2]). — Fragen wir
nach dem Grunde, aus welchem von allen bei der Volksversammlung zur Entscheidung gebrachten Fragen nur bei dieser
einen Kategorie die Abgabe einer bestimmten hohen Anzahl
von Stimmen gefordert wird, so werden wir die Antwort nicht
lange zu suchen haben. Die Ordnung des republikanischen
Staates beruht darauf, dass das von ihm gesetzte Recht für
alle seine Angehörigen gleichmässig gelte. Die von dem
Souverän, dem Volke, beauftragten legitimen Organe haben
die bestehende Rechtsordnung auf die einzelnen Fälle nach
dem in den Staatsgesetzen ausgedrückten Willen der Gesammtheit anzuwenden und sie durch Verhängung von Strafen,
wo es not tut, zu schützen. Der Staat hat aber nicht bloss
Pflichten zu fordern, er hat auch Rechte zu gewähren und
eines der vornehmsten besteht darin, dass der Anteil an den
Wohltaten der staatlichen Ordnung demjenigen, dem er durch
die Aufnahme in das Bürgerrecht einmal zugesichert ist, nicht
versagt werden kann, so lange er sich an dieser Ordnung

---

[1]) Philochoros fr. 79 b Müller. Scholion Aristoph. Ritter 885. Plutarch
Aristeides 7.

[2]) Die Unhaltbarkeit von Benndorfs Behauptung, dass die phylenweise
Anordnung der Ekklesie die regelmässige sei, hat der Verfasser in Sallets
numismatischer Zeitschrift III S. 385 ff. zu erweisen versucht.

nicht vergeht. Gesetzt aber ist dieselbe nur für den abge-
grenzten Kreis der dem Staate durch ihre Geburt Zugehörigen.
Werden diese fundamentalen Rechtsgrundsätze nicht befolgt,
so hat der Souverän seinen erklärten Willen selbst negirt,
er hat die Consequenzen seiner eigenen Rechtsordnung beseitigt. Es kann die Aufhebung des formalen Rechtes in
einzelnen Fällen von der Menschlichkeit oder von der
Wohlfahrt des Volkes selbst erfordert werden, aber es ist
eine Fürsorge nötig, dass des letzteren Entschluss seinen allgemein gesetzten Willen zum Nutzen oder Schaden des
Einzelnen zeitweilig zu ändern, unzweideutig festgestellt werde.
Erlässt der Souverän eine Strafe, die seine Gesetze, also er
selbst verhängt hat; befiehlt er einem Bürger, nicht weil er
sich vergangen hat, sondern weil sein Aufenthaltsrecht im
Lande dem gemeinen Besten entgegenzustehen scheint, sich
auf eine feststehende Frist zu entfernen; will er an der nur
für seine Bürger bestimmten Ordnung Fremde teilnehmen
lassen: so schafft er ein Präjudiz, das ohne Vorsicht angewendet ihn selbst aufheben könnte. Die Verfassung kann
es daher nicht dem Zufall anheim geben, wie der Wille des
Souveräns von der bestehenden Rechtsordnung abzuweichen
ermittelt werde; sie hält eine Cautel für nötig, dass er sich
auch wirklich herausstelle und erblickt diese in einer solchen
Anzahl jedenfalls nach freiem Willen Votirender als geeignet
erscheint die Gesammtheit darzustellen. Es bildet sich also
für das Staatsrecht der Grundsatz, dass der von sechstausend
Bürgern ausgesprochene Wille der allgemeine sei: sechstausend Athener sind alle Athener [1]).

[1]) Für die vorstehende Erörterung ist es gleichgiltig, wenn die Bedingung
der Privilegienerteilung nicht die Abgabe von 6000 Stimmen wäre, deren
Majorität entscheidet, sondern die Zustimmung von 6000 Bürgern. Das letztere
ist seit Böckh (Staatshaush. I S. 326) die gewöhnliche Annahme (vgl. Schoemann *De comitiis* p. 245 f.); wir halten das Gegenteil für unzweifelhaft und
werden die Gründe dafür unten beibringen.

Dieser Grundsatz des attischen Staatsrechtes ist nicht aus den Institutionen, die auf ihm beruhen, nur von uns abstrahirt worden, sondern er ist ein den Athenern bewusster gewesen. Dies ist ganz klar ausgesprochen von Demosthenes in der Rede gegen Timokrates, gegen welchen er eine wegen gesetzwidrig beantragten Volksbeschlusses angestrengte Klage (γραφὴ παρανόμων) vertrat. Timokrates hatte beantragt, dass die mit Gefängniss belegten Staatsschuldner in Freiheit gesetzt werden sollten, wenn sie einen der Volksversammlung genehmen Bürgen stellten; er wollte also die bedingungsweise Aufhebung rechtmässiger Strafbestimmung. Wie Demosthenes ausführt, hatte nun nach dem Gesetze Jeder, der die Restitution Ehrloser, den Erlass öffentlicher Schuld oder die Gestattung von Teilzahlungen beim Volke beantragen will, vorher seine Absicht anzukündigen und sich die Ermächtigung dafür zu erbitten, welche durch wenigstens sechstausend Stimmen erteilt werden müsse. Dies habe Timokrates versäumt, während er doch seinen Antrag nur dann habe einbringen dürfen, wenn alle Athener es ihm vorher gestattet hätten. In der Subsummirung des einzelnen Falles unter das allgemeine Gesetz sind die Worte „alle Athener" substituirt für „wenigstens sechstausend": also ist beides gleichbedeutend [1]). — Dass „πάντες Ἀθηναῖοι" geradezu ein staatsrechtlicher Terminus war, unter dem ohne Weiteres ἑξακισχίλιοι Ἀθηναῖοι verstanden wurden, beweist der von Xenophon (Hellenische Geschichte I. 7, 9) aufbewahrte Wortlaut des be-

---

[1]) Demosthenes 24, 46 ἄλλος οὗτος νόμος, οὐκ ἐῶν περὶ τῶν ἀτίμων οὐδὲ τῶν ὀφειλόντων λέγειν οὐδὲ χρηματίζειν περὶ ἀφέσεως τῶν ὀφλημάτων οὐδὲ τάξεως, ἐὰν μὴ τῆς ἀδείας δοθείσης, καὶ ταύτης μὴ ἔλαττον ἢ ἑξακισχιλίων ψηφισαμένων ... καίτοι χρῆν σε, ὦ Τιμόκρατες, εἰδότα τὸν νόμον τόνδε, ὃν ἀνέγνων, εἴ τι δίκαιον ἐβούλου πράττειν, πρῶτον μὲν πρόσοδον γράψασθαι πρὸς τὴν βουλήν, εἶτα τῷ δήμῳ διαλεχθῆναι, καθ' οὕτως, εἰ πᾶσιν Ἀθηναίοις ἐδόκει, γράφειν καὶ νομοθετεῖν περὶ τούτων. — τάξις ist von Taylor richtig als „Teilzahlung" erklärt.

rufenen von Kallixenos gegen die Feldherren der Arginusenschlacht gestellten Antrags, in welchem zunächst das Ab-
stimmungsverfahren mit folgenden Worten festgesetzt wird:
Καλλίξενος εἶπεν· ἐπειδὴ τῶν τε κατηγορούντων κατὰ τῶν
στρατηγῶν καὶ ἐκείνων ἀπολογουμένων ἐν τῇ προτέρᾳ ἐκκλησίᾳ
ἀκηκόασι, διαψηφίσασθαι Ἀθηναίους πάντας κατὰ φυλάς·
θεῖναι δὲ εἰς τὴν φυλὴν ἑκάστην δύο ὑδρίας· ἐφ᾽ ἑκάστῃ δὲ
τῇ φυλῇ κήρυκα κηρύττειν, ὅτῳ δοκοῦσιν ἀδικεῖν οἱ στρατηγοί,
οὐκ ἀνελόμενοι τοὺς νικήσαντας ἐν τῇ ναυμαχίᾳ, εἰς τὴν
προτέραν ψηφίσασθαι, ὅτῳ δὲ μή, εἰς τὴν ὑστέραν· ἂν δὲ
δόξωσιν ἀδικεῖν, θανάτῳ ζημιῶσαι κτλ. In einem formulirten
Antrage, der den Anspruch erhebt, vom Volke als sein eigener
Wille anerkannt zu werden und von diesem auch wirklich
zum Beschluss erhoben wird, findet sich neben einer Anzahl
ganz unzweideutiger, alles Einzelne ordnender Festsetzungen
eine einzige scheinbar ganz unbestimmte, der blossen Bedeutung der Worte nach inhaltslose. Wenn decretirt wird, dass
alle Athener ihre Stimme abgeben sollen, so hätte diese
Anordnung nur Sinn, wenn das Resultat ungiltig wäre, sobald eine einzige Stimme fehlt — wollte man nun die Leute
gewaltsam in die Ekklesie schleppen, oder ist es möglich dass
in einer öffentlichen Akte Worte ohne jede Bedeutung figu-
riren? Der Vorschlag des Kallixenos nimmt die phylenweise
Einteilung der Ekklesie von dem Verfahren bei Privilegien-
verleihung, den *νόμοι ἐπ᾽ ἀνδρί*, herüber: es ist klar dass
er den Zweck hat für die Behandlung der vorliegenden Sache
die Anwendung der für diese Abstimmungen gültigen Norm festzusetzen. Er hält sich vollkommen in den vorgeschriebenen
Formen derselben; denn dass er wider ihre Ordnung die offene
Stimmabgabe fordere, wie allgemein angenommen wurde, dafür
ist in unsren Quellen nicht der geringste Anhalt: wir sind
Georg Löschcke dankbar dass er in den Neuen Jahrbüchern
für Philologie 1876 S. 757 unter Berufung auf Schoemanns

Ausführungen über die Abstimmungen mittelst zweier Stimm-
behältnisse (*Opuscula academica* I p. 226) dies eingewurzelte
Vorurteil beseitigt hat. Das Verfahren wird demnach völlig
correct nach der Maassgabe jener besonderen Art von Ekklesien angeordnet, wie es sich in der Tat um eine nur einzelne
Bürger betreffende Abstimmung handelt, und wir vermissen
nichts als die unentbehrliche Festsetzung über das Minimum
der abzugebenden Stimmen. Es ist unzweifelhaft dass diese
in den Worten Ἀϑηναίους πάντας enthalten ist, die, wie wir
bei Demosthenes sahen, '6000 Athener' bedeuten.

Kehren wir jetzt zu der Aristophanesstelle zurück. Indem
Bdelykleon sagt „rechne den Sold für 6000 Heliasten"; meint
er „rechne den Sold, als wenn alle Athener Heliasten wären";
alle Athener können in diesem Falle nur die über dreissig Jahre
alten sein: „nimm meinetwegen an" — so können wir die Worte
des Heliastenhassers uns paraphrasiren, denen nicht wie den
Zuschauern der Komödie die lebendige Anschauung der attischen
Staatsverhältnisse ihr volles Verständniss unmittelbar entgegen-
bringt — „nimm an, dass alle dazu Berechtigten, denen die
Ausübung des Heliastenamtes möglich ist, dies wirklich übernehmen, und ich will dir sogar gestatten zu veranschlagen dass
sechstausend solcher Männer im Lande wären, eine, wie du
zugeben musst, mir äusserst ungünstige, stark übertriebene
Schätzung, da wir eine solche Anzahl ja für hinreichend halten
um als 'alle Athener' angesehen zu werden und dabei noch die
Männer von 18—30 Jahren einschliessen, die für unsere Rechnung doch nicht in Betracht kommen können — auch bei
solchen Zugeständnissen wird dir die Verächtlichkeit der Institution an dem geringen Aufwande klar werden, den sie im
Vergleich zu den gesammten Staatseinnahmen doch nur er-
fordern würde." Da Bdelykleon eine Maximalzahl von Richtern
nach der Analogie einer andern Staatseinrichtung schätzungs-
weise annimmt, so ist erwiesen, dass eine Allen bekannte,

unantastbar festgesetzte Zahl nicht bestanden hat: ohne
Fixirung der Zahl ist aber eine Loosung oder Wahl unmöglich. Also ergiebt sich, dass jeder Athener über dreissig
Jahre von selbst Heliast war und sich zur Uebernahme
des Amtes nur bei der zuständigen Behörde, den neun Archonten, zu melden nötig hatte, welche ihn nach Prüfung
seiner Legitimation, also nach Feststellung des erforderlichen
Lebensalters und des vollen Besitzes der Ehrenrechte, in die
Listen der Richter eintragen liessen. Dieser im Wuste unserer
unkritischen Ueberlieferung verdunkelte Tatbestand hat eine
Spur hinterlassen in dem Berichte über den jährlich von den
Heliasten auf dem Ardettos zu leistenden Schwur: Ἀρδηττος,
τόπος Ἀθήνησιν ὑπὲρ τὸ στάδιον τὸ Παναθηναϊκόν, πρὸς τῷ
δήμῳ τῷ ὑπένερθεν Ἀργυλέων. ἐν τούτῳ, φασί, δημοσίᾳ
πάντες ὤμνυον Ἀθηναῖοι τὸν ὅρκον τὸν ἡλιαστικόν ').

Wir hoffen, dass unser Resultat sich vollkommen sicher
stellen und bewähren wird, wenn man sich die Stellung der
attischen Geschworenenrichter innerhalb des gesammten Staatsorganismus klar macht. Dabei ist es freilich nötig, den für uns
nach unsern eigenen Einrichtungen an dem Namen haftenden
Begriff gründlich zu vergessen: wir bezeichnen die Institution
der Heliasten als die von Geschworenengerichten und haben
damit allerdings ein Wort gebraucht, dass auch in unserer
heutigen Staatsordnung eine bestimmte Bedeutung hat, damit
ist aber die Gleichartigkeit der Einrichtungen nahezu erschöpft.
Schon in juristischer Hinsicht liegt darin eine unausfüllbare
Kluft, dass dem über die Schuld befindenden Geschworenen
keine den bestimmten Fall unter die Gesetze subsummirende
rechtskundige . Behörde gegenüberstand; dem vorsitzenden
Beamten. lag nur die Instruction des Processes und die

---

¹) Harpokration u. Ἀρδηττος. Rhetorisches Lexicon bei Bekker Anecdota Gr. I
p. 443, 24. Suidas u. ἡλιαστής — Vgl. Aristoteles Politik VI (IV) 13 (p. 1297a)
ἐνιαχοῦ δ'ἔξεστι μὲν πᾶσιν ἀπογραψαμένοις ἐκκλησιάζειν καὶ δικάζειν.

formale Leitung der Verhandlung ob: nach unsern Begriffen
war der attische Heliast Geschworener und Richter in einer
Person. Aber ausser der Aufgabe das Recht auf eine erhobene
Anklage zu finden, haben die Heliasten Competenzen geübt,
welche mit dem Begriffe der richterlichen Gewalt nicht das
geringste gemein haben und die wir darzustellen versuchen
werden, nachdem wir zugesehen haben wie die Alten selbst
die staatsrechtliche Stellung ihrer Heliasten bezeichneten.

Der Heliast wird nicht eigentlich als Beamter betrachtet; er hat eine Mittelstellung zwischen dem Beamten
($\ddot{\alpha}\varrho\chi\omega\nu$) auf der einen, dem Privatmann ($i\delta\iota\dot{\omega}\tau\eta\varsigma$) auf der andern Seite. „Drei Elemente sind es" sagt Lykurgos in der
Leokratea 79, „die das Staatswesen ausmachen: der Beamte,
der Richter, der Privatmann". Damit stimmt Platon überein,
der zwar ein von der bestehenden Wirklichkeit weit unter-
schiedenes Staatsgebilde aufbauen will, jedoch seine An-
schauungen nur aus den realen Verhältnissen empfangen haben
kann. Er sagt: „in einer gewissen Weise ist auch die
Besetzung der Gerichte eine Beamtenwahl. Denn jeder Beamte
muss notwendig auch innerhalb eines gewissen Kreises Richter
sein [1]); der Richter wieder, der eigentlich nicht Beamter ist,
wird auf eine gewisse Weise ein gar nicht so unwichtiger
Beamter für den Tag, an welchem er mit seinem Spruche den
Rechtsfall zur Entscheidung bringt" [2]). Auch Aristoteles scheidet
zwischen den Beamten und den Richtern, welche zusammen
mit den beratenden Körperschaften die drei Elemente des

---

[1]) Die attischen Beamten hatten bekanntlich die Befugniss kleine Geld-
bussen aufzuerlegen.

[2]) Platon Gesetze 767 $\tau\varrho\dot{o}\pi o\nu$ $\delta\dot{\eta}$ $\tau\iota\nu\alpha$ $\varkappa\alpha\dot{\iota}$ $\tau\tilde{\omega}\nu$ $\delta\iota\varkappa\alpha\sigma\tau\eta\varrho\dot{\iota}\omega\nu$ $\alpha\dot{\iota}$ $\varkappa\alpha\tau\alpha$-
$\sigma\tau\dot{\alpha}\sigma\epsilon\iota\varsigma$ $\dot{\alpha}\varrho\chi\dot{o}\nu\tau\omega\nu$ $\epsilon\dot{\iota}\sigma\dot{\iota}\nu$ $\alpha\dot{\iota}\varrho\dot{\epsilon}\sigma\epsilon\iota\varsigma$. $\pi\dot{\alpha}\nu\tau\alpha$ $\mu\dot{\epsilon}\nu$ $\gamma\dot{\alpha}\varrho$ $\ddot{\alpha}\varrho\chi o\nu\tau\alpha$ $\dot{\alpha}\nu\alpha\gamma\varkappa\alpha\tilde{\iota}o\nu$ $\varkappa\alpha\dot{\iota}$ $\delta\iota\varkappa\alpha$-
$\sigma\tau\dot{\eta}\nu$ $\epsilon\tilde{\iota}\nu\alpha\dot{\iota}$ $\tau\iota\nu\omega\nu$, $\delta\iota\varkappa\alpha\sigma\tau\dot{\eta}\varsigma$ $\delta\dot{\epsilon}$, $o\dot{\upsilon}\varkappa$ $\ddot{\alpha}\varrho\chi\omega\nu$ $\ddot{\omega}\nu$, $\tau\iota\nu\dot{\alpha}$ $\tau\varrho\dot{o}\pi o\nu$ $o\dot{\upsilon}$ $\pi\dot{\alpha}\nu\upsilon$ $\varphi\alpha\tilde{\upsilon}\lambda o\varsigma$
$\gamma\dot{\iota}\gamma\nu\epsilon\tau\alpha\iota$ $\ddot{\alpha}\varrho\chi\omega\nu$ $\tau\dot{\eta}\nu$ $\tau\dot{o}\vartheta'$ $\dot{\eta}\mu\dot{\epsilon}\varrho\alpha\nu$, $\ddot{\eta}$ $\pi\epsilon\varrho$ $\ddot{\alpha}\nu$ $\varkappa\varrho\dot{\iota}\nu\omega\nu$ $\tau\dot{\eta}\nu$ $\delta\dot{\iota}\varkappa\eta\nu$ $\dot{\alpha}\pi o\tau\epsilon\lambda\tilde{\eta}$.
$\vartheta\dot{\epsilon}\nu\tau\epsilon\varsigma$ $\delta\dot{\epsilon}$ $\varkappa\alpha\dot{\iota}$ $\tau o\dot{\upsilon}\varsigma$ $\delta\iota\varkappa\alpha\sigma\tau\dot{\alpha}\varsigma$ $\dot{\omega}\varsigma$ $\ddot{\alpha}\varrho\chi o\nu\tau\alpha\varsigma$, $\lambda\dot{\epsilon}\gamma\omega\mu\epsilon\nu$ $\varkappa\tau\lambda$. — $o\dot{\upsilon}\varkappa$ $\ddot{\alpha}\varrho\chi\omega\nu$ $\ddot{\omega}\nu$,
$\tau\iota\nu\dot{\alpha}$ $\tau\varrho\dot{o}\pi o\nu$ habe ich geschrieben für $o\dot{\upsilon}\varkappa$ $\ddot{\alpha}\varrho\chi\omega\nu$ $\varkappa\alpha\dot{\iota}$ $\tau\iota\nu\alpha$ $\tau\varrho\dot{o}\pi o\nu$.

Staatswesens bilden [1]), den Richter lässt er nur in dem Sinne
für einen Beamten gelten, in welchem auch das Mitglied des
Rates und der Teilnehmer an der Volksversammlung dafür
gehalten werden kann [2]); es fehle an einem Namen, der die
Heliasten und Ekklesiasten in eine von den Beamten geschie-
dene Kategorie zusammenfasse, so will er· sie immerhin als
eine „der Zeit nach nicht begränzte Beamtenschaft" bezeichnen [3]). Die Pflicht der Rechenschaftslegung ist für das attische
Beamtentum die notwendige Voraussetzung [4]); der Heliast
ist aber nicht rechenschaftspflichtig, wie Aristophanes in
den Wespen 587 bezeugt: καὶ ταῦτ᾽ ἀπεύθυνοι δρῶμεν,
τῶν δ᾽ ἄλλων οὐδεμί᾽ ἀρχή. Niemand kann ein Amt zwei
Jahre hinter einander bekleiden, da er vor abgelegter Rechenschaft neu gewählt werden müsste, was unstatthaft ist; der
Heliast aber kann beliebig lange Zeit hinter einander fungiren.

Die Gerichte sind demnach nicht Behörden, d. h. mit der
Vertretung der souveränen Gewalt innerhalb bestimmter und
abgegrenzter Competenzen beauftragte Organe; wir werden
sehen dass sie die souveräne Gewalt selbst darzustellen geeignet sind. Vor allem bilden die Richter die eigentliche ge-

---

[1]) Aristoteles Politik VI (IV) 14 (p. 1297 b exit.) ἔστι δὲ τῶν τριῶν
τούτων (μορίων) ἓν μέν τι τὸ βουλευόμενον περὶ τῶν κοινῶν, δεύτερον δὲ
τὸ περὶ τὰς ἀρχάς ... τρίτον δέ τι τὸ δικάζον.

[2]) Ebenda III 11 (p. 1282 a) οὐ γὰρ ὁ δικαστὴς οὐδ᾽ ὁ βουλευτὴς οὐδ᾽
ὁ ἐκκλησιαστὴς ἄρχων ἐστίν, ἀλλὰ τὸ δικαστήριον καὶ ἡ βουλὴ καὶ ὁ δῆμος·
τῶν δὲ ῥηθέντων ἕκαστος μόριόν ἐστι τούτων.

[3]) Ebenda III 1 (p. 1275 a) τῶν δ᾽ ἀρχῶν αἳ μέν εἰσι διῃρημέναι κατὰ
χρόνον, ὥστ᾽ ἐνίας μὲν ὅλως δὶς τὸν αὐτὸν οὐκ ἔξεστιν ἄρχειν, ἢ διά
τινων ὡρισμένων χρόνων· ὃ δ᾽ ἀόριστος, οἷον ὁ δικαστὴς καὶ ἐκκλησιαστὴς
... ἀλλὰ διαφερέτω μηδέν· περὶ ὀνόματος γὰρ ὁ λόγος· ἀνώνυμον γὰρ τὸ
κοινὸν ἐπὶ δικαστοῦ καὶ ἐκκλησιαστοῦ, τί δεῖ ταῦτ᾽ ἄμφω καλεῖν. ἔστω δὴ
διορισμοῦ χάριν ἀόριστος ἀρχή.

[4]) Aischines g. Ktesiphon 17 ἐν γὰρ ταύτῃ τῇ πόλει ... οὐδείς ἐστιν ἀνυ-
πεύθυνος τῶν καὶ ὁπωσοῦν πρὸς τὰ κοινὰ προσεληλυθότων.

setzgebende Körperschaft: sie wenden das Recht nicht bloss an, sondern sie sind es, die es erst festzustellen haben.

Bei den jüngst von der archäologischen Gesellschaft in Athen auf der Akropolis veranstalteten Ausgrabungen ist unter andern unschätzbaren Urkunden auch eine Inschrift zu Tage gekommen, welche über die gesetzgeberische Function der Heliasten ein neues und ganz überraschendes Licht verbreitet; sie findet sich in den *Addendis* zum *Corpus inscriptionum Atticarum* II No. 115ᵇ, nach U. Koehlers Urteil gehört sie in die Zeit unmittelbar nach der Mitte des vierten Jahrhunderts. Dem Delier Peisitheides wird das attische Bürgerrecht verliehen, unter so besonderer Gunstbezeugung, dass die Stadt Athen seine Feinde, welche einen Nachkommen des neuen Bürgers angestiftet hatten ihm nach dem Leben zu trachten, als ihre eigenen bezeichnet wie denjenigen, der ihn etwa morden oder die Stadt, die seinen Mörder aufnehmen würde. Nach diesen Versicherungen wird dem Peisitheides auch eine Dotation bewilligt: der Schatzmeister des Volkes soll ihm, bis er nach Delos zurückkehren würde, auf den Tag eine Drachme auszahlen; dann heisst es weiter: ἐν δὲ τοῖς νομοθέται[ς] τ[οὺς προέδρ]ους, οἳ ἂν προεδρεύωσιν, [καὶ τὸν ἐ]πι[στ]άτην προσνομοθετῆ[σαι, τὸ ἀργ]ύριον τ[ο]ῦτο μερίζειν τ[οὺς ἀποδ]έκτας τῷ ταμίᾳ τοῦ δήμ[ου κατὰ τὸ]ν ἐνιαυτὸν ἕκαστον, ὁ δὲ τ[αμίας ἀπ]οδότω Πει[σι]θείδει κατὰ [τὴν πρυτ]α[νε]ίαν ἑκάστην· ἐὰν δὲ [μὴ ἐπιψηφ]ίσωσιν οἱ [πρ]όεδροι καὶ [ὁ ἐπιστάτ]ης τῶν νομοθετῶν, ὀφειλ[έτω ἕκασ]τ]ος αὐτῶν χιλίας δραχμὰς ἱερὰς [τῇ Ἀθην]ᾷ. Dass die Nomotheten aus den Geschworenenrichtern entnommen wurden, ist sonst bekannt[1]; aus unsrer Inschrift erfahren wir zuerst, dass sie nicht, wie man bisher annehmen musste, bei einem beabsichtigten Gesetzeserlass immer ad hoc

---

[1] Demosth. Lept. (20`, 93 συνίεθ᾽ ὃν τρόπον, ὦ ἄνδρες Ἀθηναῖοι, ὁ Σόλων τοὺς νόμους, ὡς καλῶς κελεύει τιθέναι· πρῶτον μὲν παρ᾽ ὑμῶν, ἐν τοῖς ὀμωμοκόσι κτλ.

aus der Gesammtzahl derselben bestellt worden sind, sondern
dass sie unter einem eigenen vorsitzenden Comité von Pro-
edren und unter dem Präsidium eines Epistates ständig constituirt waren. So wichtig diese Belehrung auch ist, so müssen
wir uns doch noch mehr eines andern Aufschlusses freuen, den
uns die Inschrift gewährt und der für die Erkenntniss des attischen Staatswesens von der einschneidendsten Bedeutung ist.
In der ausgeschriebenen Stelle, deren Ergänzung durch Köhler
nirgends einem Zweifel unterliegt, wird angeordnet dass Peisitheides die vom Volke bewilligte Dotation prytanienweise beziehen solle; die Nomotheten werden aufgefordert zu dem Volks-
beschlusse die gesetzliche Genehmigung zu erteilen [1]), dass die
Central-Cassenbehörde, die Apodekten, den erforderlichen Betrag alljährlich dem Schatzmeister des Volkes zur Uebermitte-
lung an den Dotirten auszahlen dürfe. Es ist uns also die er-
staunliche Tatsache urkundlich beglaubigt, dass eine dauernde
Belastung der Staatskasse nur durch ein Gesetz festgesetzt
werden kann wie das Budget der modernen Staaten und dass,
wie beim Erlass jedes andern Gesetzes der Fall war, nicht der
Volksschluss genügte, sondern seine Bestätigung durch die heliastischen Nomotheten notwendig war. Dem vorsitzenden
Comité und dem Präsidenten wird eine Geldstrafe angedroht,
wenn sie der revidirenden Körperschaft nicht den Volksbeschluss vorlegen; zur Verwerfung ist dieselbe natürlich befugt
gewesen. Die Heliasten bilden also als Nomotheten eine Revisionsinstanz der Volksbeschlüsse, welche dem Staatssäckel
eine dauernde Belastung auferlegen.

Eine ähnliche Stellung haben die heliastischen Nomotheten
bei dem Erlass eigentlicher Gesetze, für welchen folgender

---

[1]) προσνομοθετεῖν: zum Gesetzerlass ist die Concurrenz von Volksversammlung und Nomotheten notwendig; da die erstere schon votirt hat, ist
dazu noch die Genehmigung der Nomotheten erforderlich.

Hergang vorgeschrieben ist ¹). In der ersten ordentlichen
Volksversammlung des Jahres, am 11. Hekatombaion, musste
die Frage vorgelegt werden, ob neue Gesetze wünschenswert
seien oder ob die bestehenden genügten. Hierbei hatte nun
gewiss der Einzelne die Anträge, die er etwa einbringen wollte,
anzukündigen und ihren Gegenstand zu bezeichnen; den Thesmotheten war es ausdrücklich zur Pflicht gemacht die gültigen
Gesetze zu prüfen und wenn sie Bestimmungen fanden, die in
Widerspruch mit einander standen, die Aufhebung der einen
zu beantragen²). Das Volk stimmte dann generell ab, ob es
eine Neuerung beliebe, und wenn sich eine Mehrheit dafür
ergab, so waren die Antragsteller gehalten ihre Vorschläge an
den Statuen der eponymen Heroen auf dem Markte öffentlich
auszustellen, in jeder der nächsten Volksversammlungen wurden
sie vom Schreiber verlesen. Nachdem somit die Anträge zu
möglichst allgemeiner Kenntniss gebracht waren, wurde in
der zweiten nach jener Vorabstimmung stattfindenden ordentlichen Ekklesie, also der dritten der ersten Prytanie, über
dieselben auf Grund der vorher vom Rate gefassten Beschlüsse³)
abgestimmt und nahm das Volk einen oder mehrere davon an,
so setzte man fest, nach welcher Modalität die Nomotheten
zusammentreten sollten, welchen die vom Volke genehmigten
Gesetze zur endgiltigen Beschlussfassung vorgelegt werden
mussten. Nach der eben besprochenen Inschrift ist es sehr
wahrscheinlich, dass die gesammte Körperschaft der Heliasten
das Nomotheten-Parlament bildete, nach Demosthenes Timo-

---

¹) Demosth. Timocr (24), 24 ff. Leptin. (20), 93 f. — Westermann, Die
Modalität der athenischen Gesetzgebung, Abhandlungen der Sächs. Gesellsch.
d. Wissensch. I S. 3.

²) Aischines g. Ktesiphon 38 f.

³) Pollux 8, 101 νομοθέται δὲ ἦσαν χίλιοι, ἐν οἷς ἐξῆν λῦσαι νόμον
παλαιόν, οὐ θεῖναι νέον· τοὺς γὰρ νέους ἐδοκίμαζεν ἡ βουλὴ·καὶ ὁ δῆμος
καὶ τὰ δικαστήρια. — Vom Staate d. Ath. III 2 τὴν δὲ βουλὴν βουλεύεσθαι
... πολλὰ δὲ περὶ νόμων θέσεως.

cratea 25 ($\sigma\varkappa\acute{e}\psi\alpha\sigma\vartheta\alpha\iota$, $\varkappa\alpha\vartheta$' $\ddot{o}\tau\iota$ $\tau o\grave{v}\varsigma$ $\nu o\mu o\vartheta\acute{e}\tau\alpha\varsigma$ $\varkappa\alpha\vartheta\iota\epsilon\tilde{\iota}\tau\epsilon$), dass
die Volksversammlung bei jedem Gesetze zu bestimmen hatte,
ob das ganze Collegium in allgemeiner Sitzung oder ob eine
durch Loos zu bestellende Commission desselben, deren Stärke
dann zugleich festgesetzt wurde, die Prüfung vornehmen solle;
vielleicht setzte das Volk auch eine Frist, innerhalb welcher die
Beratung beendigt sein musste. Pollux' Angabe von 1000 Nomotheten ist gewiss nur auf die Mitgliederzahl der in einem einzelnen Falle berufenen Commission zu beziehen. Zugleich
wurden durch Cheirotonie aus allen Athenern Synegoren bestellt, welche bei der Verhandlung der Nomotheten das bestehende Gesetz zu verteidigen hatten [1]). Durch das Votum dieser
wurde das der Volksversammlung zum Gesetz erhoben oder für
nichtig erklärt; eine nochmalige Beratung herbeizuführen war
nur innerhalb eines Jahres möglich durch die Einbringung einer
Gesetzwidrigkeits-Klage ($\gamma\varrho\alpha\varphi\grave{\eta}$ $\pi\alpha\varrho\alpha\nu\acute{o}\mu\omega\nu$), welche geltend
machte dass das neue Gesetz den anerkannten allgemeinen
Grundsätzen der Gesetzgebung widerstreite. Es durfte kein
Privilegium enthalten, für welches die besprochene besondere
Form der Abstimmung erforderlich war, und einem bestehenden
Gesetze nicht widersprechen; denn die Aufhebung eines solchen
ergab sich nicht von selbst aus dem Erlass des neuen, sondern
musste förmlich festgesetzt werden. Eine solche Einspruchs-Klage
wurde aber von einem heliastischen Gerichtshof entschieden
und somit lag die gesammte Gesetzgebung in der Hand der
Geschworenenrichter: die Ekklesie kann ein Gesetz wohl end-

---

[1]) Demosthenes 24, 36 $\tau o\grave{v}\varsigma$ $\sigma\upsilon\nu\eta\gamma\acute{o}\varrho o\upsilon\varsigma$, $o\ddot{v}\varsigma$ $\chi\epsilon\iota\varrho o\tau o\nu\epsilon\tilde{\iota}\tau\epsilon$. — ebenda 23
$\alpha\iota\varrho\epsilon\tilde{\iota}\sigma\vartheta\alpha\iota$ $\delta\grave{e}$ $\varkappa\alpha\grave{\iota}$ $\tau o\grave{v}\varsigma$ $\sigma\upsilon\nu\alpha\pi o\lambda o\gamma\eta\sigma o\mu\acute{e}\nu o\upsilon\varsigma$ $\tau\grave{o}\nu$ $\delta\tilde{\eta}\mu o\nu$ $\tau o\tilde{\iota}\varsigma$ $\nu\acute{o}\mu o\iota\varsigma$, $o\ddot{\iota}$ $\ddot{\alpha}\nu$
$\dot{\epsilon}\nu$ $\tau o\tilde{\iota}\varsigma$ $\nu o\mu o\vartheta\acute{e}\tau\alpha\iota\varsigma$ $\lambda\acute{\upsilon}\omega\nu\tau\alpha\iota$, $\pi\acute{e}\nu\tau\epsilon$ $\ddot{\alpha}\nu\delta\varrho\alpha\varsigma$ $\dot{\epsilon}\xi$ $A\vartheta\eta\nu\alpha\acute{\iota}\omega\nu$ $\dot{\alpha}\pi\acute{\alpha}\nu\tau\omega\nu$. In
der Leptinea 146 werden nur vier Anwälte angeführt: Leodamas, Aristophon,
Kephisodot, Deinias. Westermann a. a. O. S. 44 nahm daher an, dass die
Zahl wechselte, was zwar wahrscheinlich richtig ist, aber Fr. Aug. Wolf hat
erkannt, dass für sein eigenes Gesetz der fünfte Synegoros Leptines ist (vgl.
Schaefer, Demosthenes I S. 358).

gültig ablehnen, aber nicht annehmen, vielmehr wird das souveräne Recht der Gesetzgebung von den Heliasten ausgeübt in Form einer Gerichtsverhandlung, in welcher die bestehenden Gesetze wie die Angeklagten im ordentlichen Processverfahren behandelt werden, denen man ihre Anwälte zur Seite giebt. Ziehen wir hierzu die aus der besprochenen neuen Inschrift gewonnene Erkenntniss, so ergiebt sich die nicht genug hervorzuhebende Tatsache, dass die Heliasten als ein ständiges Parlament zur Ausübung des Geldbewilligungs- und Gesetzgebungsrechtes nach der Analogie der Volksversammlung förmlich constituirt waren, um eine unbedingt maassgebliche Revisionsinstanz für alle legislatorischen Beschlüsse derselben zu bilden [1]).

---

[1]) Ulrich Köhler (Abhandlungen der Berliner Akademie 1869 II S. 66) nimmt eine regelmässige, von seiner gewöhnlichen probuleutischen Tätigkeit unterschiedene Mitwirkung des Rates bei der Gesetzgebung an, nach dem Psephisma des Tisamenos in Andokides' Mysterienrede 83, welches das Verfahren bei der nach Vertreibung der Dreissig beschlossenen Revision der gesammten Gesetzgebung anordnet. Der Rat soll Gesetzesrevisoren ($\nu o\mu o \vartheta \acute{\epsilon} \tau a\iota$), wahrscheinlich wie Sluiter vermutet hat zehn an der Zahl, ernennen; diese haben die neuen Gesetze, die sie vorschlagen wollen, durch Anschlag bei den Eponymen bekannt zu machen, wonach sie dem Rate und von den Demen gewählten vereidigten Nomotheten zur Bestätigung unterbreitet werden sollen; an den betreffenden Ratsverhandlungen ist es jedem Bürger gestattet teilzunehmen. Die Zahl der zu wählenden Nomotheten wird, wenn die Ueberlieferung intact ist, auf 500 festgesetzt; das ganze Verfahren soll innerhalb des laufenden Monats abgeschlossen sein. Dass in diesen Bestimmungen die vollständige Ordnung der Revision enthalten ist, zeigen die darauf folgenden Worte: $\acute{\epsilon}\pi\epsilon\iota\delta\grave{a}\nu$ $\delta\grave{\epsilon}$ $\tau\epsilon\vartheta\tilde{\omega}\sigma\iota\nu$ $o\acute{\iota}$ $\nu\acute{o}\mu o\iota$, $\acute{\epsilon}\pi\iota\mu\epsilon\lambda\epsilon\acute{\iota}\sigma\vartheta\omega$ $\mathring{\eta}$ $\beta o\upsilon\lambda\mathring{\eta}$ $\mathring{\eta}$ $\acute{\epsilon}\xi$ $Ʌ\rho\epsilon\acute{\iota}o\upsilon$ $\pi\acute{a}\gamma o\upsilon$ $\tau\tilde{\omega}\nu$ $\nu\acute{o}\mu\omega\nu$, $\acute{o}\pi\omega\varsigma$ $\check{a}\nu$ $a\acute{\iota}$ $\acute{a}\rho\chi a\grave{\iota}$ $\tau o\tilde{\iota}\varsigma$ $\chi\epsilon\iota\mu\acute{\epsilon}\nu o\iota\varsigma$ $\nu\acute{o}\mu o\iota\varsigma$ $\chi\rho\tilde{\omega}\nu\tau a\iota$. — Wir können, wie die ganze Maassregel eine ausserordentliche ist, auch das dafür vorgeschriebene Verfahren nur als ein ausserordentliches ansehen und halten einen ohne weiteres daraus zu ziehenden Schluss auf den regelmässigen Hergang nicht für statthaft. Nach dem ordentlichen Verfahren unterliegen neue Gesetze erst der Bestätigung von Rat und Volk, demnächst der heliastischen Nomotheten. Für diese von ihm generell gutgeheissene Gesammtrevision hat das Volk auf seine weitere Mitwirkung zu Gunsten des Rates unter der Bedingung verzichtet, dass er zum Ersatz jedem Bürger die Teilnahme an der bezüglichen

Die Competenz der Gerichte erstrekte sich auch auf die
Bestellung der Beamten, insofern die Ernennung derselben
durch das Volk nicht endgiltig war, sondern einer Ratification
bedurfte, bei welcher der Spruch der Heliasten in letzter Instanz entschied[1]). Jeder der ein länger als dreissig Tage
gültiges Volksmandat ausübt, darunter die Vorsteher öffentlicher Bauunternehmungen, wem immer der Vorsitz eines
Gerichtshofes zusteht, also jeder Beamte im weitesten Sinne
hat sich einer Nachprüfung seiner Wahl, einer Dokimasie, zu
unterziehen, gleichviel ob dieselbe durch das Loos oder vom
Volke durch Handaufheben vollzogen ist[2]). Die erste Instanz
dieser Revision ist streitig und wir müssen unsre Ansicht darüber zu begründen versuchen. Es sind uns drei in Dokimasie-
verhandlungen gehaltene Reden übrig, sämmtlich von Lysias:
für Mantitheos, gegen Euandros und gegen Philon (Lysias
or. 16. 26. 31). Das Amt, um welches es sich im ersten Falle

Verhandlung mit beratender Stimme freizugeben hat. Dies ist also nicht
das gewöhnliche Verfahren; auch ist dem Verfahren der Charakter des un-
regelmässigen deutlich in der Bestimmung aufgeprägt, dass die Demoten die
Nomotheten wählen sollen, was Gilbert (Beiträge zur inneren Geschichte
Athens S. 328) durch die treffende Vermutung erklärt, dass zur Zeit der
Anordnung jener Nomothesie die während der Herrschaft der Dreissig suspen-
dirten heliastischen Richter noch nicht wieder bestellt waren. Die buleutischen
Nomotheten werden in unserm Psephisma beauftragt als Antragsteller zu
fungiren, die sonst nicht vorhanden wären; wie diese sonst sollen sie ihre Anträge an der dafür bestimmten Stelle bekannt machen. Wir erkennen demnach zwar vollkommen den Gang des gewöhnlichen Verfahrens wieder, aber
so dass gerade der Rat eine ausserordentliche Vollmacht ausübt und dass
wegen der augenblicklichen Lage des Staates die Körperschaft der Nomotheten anders bestellt wird wie sonst. Sehr möglich ist es, dass mit der Anordnung dieser Revision zuerst das uns bekannte Verfahren bei der Nomothesie
eingeführt wurde, von dem die Zeitumstände für diesmal abzuweichen geboten.
— Dass wir die Ausführungen J. Droysens (*De Demophanti* cet. *populiscitis*
p. 27 ff.) nicht für zutreffend halten, ergiebt unsre Darstellung.

[1]) Vgl. Meier Der attische Process S. 200 ff. Schoemann Griechische
Alterthümer S. 431. 584 f.

[2]) Aischines g. Ktesiphon 14 u. f. Pollux 8, 44.

handelt, ist nicht genannt; Euandros war zum Ersatzmann des Archon Eponymos, der seinerseits nicht bestätigt worden war, gewählt, Philon zum Ratsmann. Diese drei Verhandlungen sind vor dem Rate geführt worden und es ist somit sicher, dass derselbe für die Archonten und Buleuten die zuständige Behörde war. In allen drei Fällen ist eine förmliche Anfechtung der Wahl erfolgt, die Cassirung derjenigen des Philon ist von einem Mitgliede des Ratscollegiums selbst beantragt[1]). Es war also ohne Zweifel jedem Bürger gestattet, einen Antrag auf Ungiltigkeitserklärung einer Wahl beim Rate einzubringen[2]) und es wurde eine Verhandlung angesetzt, in welcher nach Anhörung beider Parteien entschieden wurde; auch ohne bestimmten Antrag konnte aber der Rat eine Wahl verwerfen, mithin wurde über jeden Beamten ohne Ausnahme eine Abstimmung vorgenommen[3]). Nach der Entscheidung des Rates stand die Appellation an die Gerichte frei, wie wir notwendig annehmen müssen sowol dem zurückgewiesenen Beamten als dem Antragsteller, gegen den der Rat entschieden hatte; die Instruction lag in diesem Falle den Thesmotheten ob[4]). Es fragt sich, ob bei bestimmten Behörden an erster Stelle nicht der Rat, sondern gleich die Gerichte zuständig waren. Die Zurückweisung eines Strategen durch die Heliasten erwähnt Lysias 13, 10, die eines Werftenaufsehers Deinarch gegen Aristogeiton 10, über die Dokimasie eines Taxiarchen

---

[1]) Die κατήγοροι sind erwähnt Lysias 16, 1. 26, 10. 31, 1. 2: ἐγὼ δὲ ὀμόσας εἰσῆλθον εἰς τὸ βουλευτήριον τὰ βέλτιστα συμβουλεύειν τῇ πόλει κτλ. βουλευτήριον ist hier von Bekker unzweifelhaft richtig für δικαστήριον geschrieben: die βουλή könnte zwar δικαστήριον genannt werden, insofern sie gegen einen Einzelnen verhandelt (vgl. Demosth. 24, 196), aber der Sprecher beruft sich durch die Erwähnung des Buleuteneides ausdrücklich auf seine Zugehörigkeit zum Ratscollegium.

[2]) δοκιμασίαν ἐπαγγέλλειν Pollux 8, 44.

[3]) Lysias 26, 10 καὶ ἄνευ κατηγόρου ἂν αὐτοῦ ἀπεδοκιμάζετε.

[4]) Pollux 8, 88: (θεσμοθέται) εἰσάγουσι δὲ καὶ δοκιμασίαν ταῖς ἀρχαῖς.

wird vor Gericht verhandelt bei Demosthenes 40, 34. Es hindert aber nichts anzunehmen, dass es sich hier um Appellationen handelt und dass solche auch in der Schrift vom Staate der Athener III, 4 gemeint sind, wo unter den Obliegenheiten der Gerichte die Dokimasie der Beamten erwähnt wird. Bei Aischines g. Ktesiphon 14 ist das Gesetz über die Wahlprüfungen angeführt, aber nicht durchgängig nach seinem Wortlaute, und wenn es dort heisst: ἄρχειν δοκιμασθέντας ἐν τῷ δικαστηρίῳ, so kann der Redner nur die letzte Instanz der Dokimasie meinen, die zu beschreiten das processsüchtige Volk der Athener gewiss selten unterlassen haben wird. Wir nehmen also an, dass alle Dokimasien zunächst beim Rate verhandelt wurden, was durch Lysias 26, 12 gestützt wird: ὥστε ὑμῖν καθήκειν περὶ ταύτης τῆς ἀρχῆς ἀκριβέστερον τὴν δοκιμασίαν ἢ περὶ τῶν ἄλλων ἀρχῶν ποιεῖσθαι. Nur die Wahl der Thesmotheten musste von vornherein in zwei Instanzen geprüft werden, sowol vom Rate als vom Gericht, wie Demosthenes in der Leptinea (20, 90) bezeugt: οὐ γὰρ ᾤετο ὁ Σόλων . . . τοὺς μὲν θεσμοθέτας τοὺς ἐπὶ τοὺς νόμους κληρουμένους δὶς δοκιμασθέντας ἄρχειν, ἔν τε τῇ βουλῇ καὶ παρ' ὑμῖν, ἐν τῷ δικαστηρίῳ, τοὺς δὲ νόμους αὐτοὺς . . . μὴ δοκιμασθέντας κυρίας εἶναι. Die Fassung dieser Stelle scheint zu zeigen, dass die doppelte Dokimasie eine ganz ausnahmsweise, nur auf die Thesmotheten bezügliche Bestimmung war[1]): es ist nicht auffallend, dass die eigene Legitimation der Beamten, welche die Ausloosung aller übrigen und die Verhandlungen bei den in Folge der Dokimasie eingelegten Berufungen zu leiten hatten, mit besonderer Vorsicht vor jedem Zweifel

---

[1]) In keinem Falle werden wir dem Pollux glauben, dass die Beisitzer der übrigen drei Archonten zweimal dokimasirt wurden: 8, 92 πάρεδροι δ᾽ ὀνομάζονται οὓς αἱροῦνται ἄρχων καὶ βασιλεὺς καὶ πολέμαρχος. δοκιμασθῆναι δ᾽ αὐτοὺς ἐχρῆν ἐν τοῖς πεντακοσίοις, εἶτ᾽ ἐν δικαστηρίῳ. προσαιροῦνται δὲ καὶ γραμματέα, ὃς ἐννόμῳ δικαστηρίῳ κρίνεται.

sicher gestellt wurde. Verlegt man die Wahlprüfungen für
einen Teil der Beamten von vornherein in die Gerichte, so
darf man nicht die Zulässigkeit der Appellation annehmen,
da von dem Spruche eines heliastischen Gerichtshofes niemals
Berufung möglich ist: bei der Nomothesie kann in der be-
schränkenden Form einer γραφὴ παρανόμων vom Spruche der
Heliasten allerdings appellirt werden, aber hier sind dieselben
zu der besonderen Function der Nomotheten besonders constituirt. Von Gerichtshof zu Gerichtshof findet niemals eine
Berufung statt; überhaupt war festes Gesetz, dass eine vom
Gericht gefällte Entscheidung nicht wiederum zur Verhandlung
gebracht werden dürfe [1]. Da aber eine Beschränkung des
Appellationsrechtes undenkbar erscheint, so halten wir für sicher
dass in erster Instanz überall der Rat competent war.

Die Prüfung eines vom Volke bestellten Beamten geschah
so, dass ihm bestimmte Fragen vorgelegt wurden: wie Deinarch g. Aristogeiton 17 berichtet, nach seinen persönlichen
Verhältnissen (τίς ἐστι τὸν ἴδιον τρόπον), ob er seinen Eltern
nach Kindespflicht begegne, ob er Kriegsdienste geleistet habe
und ob ihm Anteil an einem Erbbegräbniss zustände; die
Frage, ob er zu der vorgeschriebenen Steuerklasse gehöre
(εἰ τὰ τέλη τελεῖ), konnte nur bei den Finauzämtern vorgelegt
werden, die einen Census erforderten. Für die Bekleidung
der Archontenwürde waren besondere Bedingungen vorgeschrie-

---

[1] Demosth. 24, 55 (ὁ νόμος) οὐκ ἐᾷ, περὶ ὧν ἂν ἅπαξ γνῷ δικαστήριον, πάλιν χρηματίζειν. 36, 25 εἰ γάρ ἐστιν δίκαιον, ὧν ἂν ἅπαξ γένηται
δίκη, μηκέτ᾽ ἐξεῖναι δικάζεσθαι κτλ. Vgl. Antiphon 5, 89. Eine Ausnahme tritt,
wie natürlich ist, dann ein, wenn eine Entscheidung auf Grund falschen Zeugnisses oder durch Bestechung erfolgt ist (Isaios 11, 45. Harpokr. u. δωροξενία),
oder wenn der Verurteilte geltend machen kann, dass gegen ihn trotz begrün-
deten Fristgesuches in contumaciam erkannt ist (vgl. Schoemann Der attische
Process S. 755 ff.). — Ein Todesurteil wegen Unterschleifs gegen einen Helle-
notamias wird, da seine Unschuld noch rechtzeitig entdeckt wurde, vom Volke
cassirt, welches auch den Spruch gefällt hatte, bei Antiphon 5, 70.

ben: die echte bürgerliche Abkunft im dritten Gliede und die
Teilnahme an dem Culte der Gottheiten der Geschlechter,
des Zeus Herkeios und Apollon Patroos [1]); die Strategen
mussten in gesetzlicher Ehe leben, ebenso der Archon Ba-
sileus, dessen Gattin, da sie an seinen priesterlichen Functionen Antheil hatte, auch nicht bereits mit einem andern Manne verheiratet gewesen sein durfte [2]). Durchgängig musste sich die Prüfung auf die allgemeinen Erforder-
nisse erstrecken: dass der Candidat im Alter von mindestens
dreissig Jahren stehe, den vollen Besitz der Ehrenrechte
habe und für ein früher bekleidetes Amt nicht mehr rechenschaftspflichtig sei. Die Zulassung zum Amte hing aber nicht
allein von der befriedigenden Beantwortung solcher Fragen
tatsächlichen Inhaltes ab, von Bedingungen, deren Erfüllung
nötigenfalls durch Beweisaufnahme constatirt werden konnte,
sondern, wie die Lysianischen Reden zeigen, erfolgte die Entscheidung ebenso sehr auf Grund des subjectiven Urteils über
die sittliche Würdigkeit und auch über die politische Gesin-
nung des Candidaten [3]). In dem Institut der Dokimasie liegt
die Correktur für die Unzuträglichkeiten, welche dem demokratischen Staatswesen durch die vorwiegend dem Zufall des
Looses anheimgegebene Beamtenbestellung erwachsen konnten:
die Loosung entzieht dieselbe der Beeinflussung durch die
herrschende Partei und sichert auch der Minderheit ihren ent-
sprechenden Anteil an der Staatsverwaltung, sie ist also, wie
Müller-Strübing richtig erkannt hat, eine durchaus undemo-

---

[1]) Demosth. 57, 66. Pollux 8, 85.

[2]) Deinarch g. Demosth. 71. — (Demosth.) 59, 75.

[3]) Lysias 26, 15 δόξετε ἀντὶ δημοτικῶν ἀνθρώπων ὀλιγαρχικοὺς εἰς
τὰς ἀρχὰς καθιστάναι. 13, 10 στρατηγὸν χειροτονηθέντα ἀπεδοκιμάσατε,
οὐ νομίζοντες εὔνουν εἶναι τῷ πλήθει τῷ ὑμετέρῳ. — Die Meinung dass die
Cassirung einer Wahl Atimie nach sich ziehe, beruht nur auf der unechten
Rede gegen Aristogeiton (Demosth. 25), 30.

kratische Einrichtung [1]). Die Dokimasie bildet aber das demokratische Gegengift, das Mittel unliebsame Ergebnisse dieses
der Minderheit gewährten Zugeständnisses zu beseitigen: in
Wahrheit verlegte die Verfassung die Beamtenbestellung in
das Votum des Rates und schliesslich in die Entscheidung
der heliastischen Richter. Ihrer erneuten Cognition kann auf
den Antrag jedes beliebigen Bürgers die von dem geschäfts-
führenden Ausschuss der Volksversammlung getroffene Entscheidung unterworfen werden, sie haben das Recht jede Wahl
zu cassiren aus Gründen, für welche sie nur ihrem Gewissen
verantwortlich sind; auch diejenigen, welche das Volk durch
Handaufheben gewählt hat, können von einem Gerichtshofe
einfach abgesetzt werden. Nach Schoemann's treffendem Ausdruck stand es dem Volke nur zu Candidaten zu designiren:
so gut wie das Hoheitsrecht der Gesetzgebung stand das der
Beamtenernennung im letzten Grunde bei den heliastischen
Richtern. —

Dass auch die Disciplinargewalt über die Beamten den
Gerichten zukommt, ist nach modernen Begriffen weniger auffallend. In der ersten ordentlichen Volksversammlung jeder
Prytanie wurde von den Archonten die Frage vorgelegt, ob
jemand gegen einen Beamten Beschwerde führen wolle; wurde
eine solche eingebracht, so stimmte das Volk ab, ob Amts-
entsetzung stattfinden solle, und ergab sich dafür eine Mehr-

---

[1]) Müller-Strübing, Aristophanes S. 200 ff. — Die richtige Auffassung der
Looswahlen lässt sich durch ein Zeugniss aus dem Altertum stützen, bei Isokrates im Areopagitikos 22: (die Voreltern) ᾤκουν τὴν πόλιν, οὐκ ἐξ
ἁπάντων τὰς ἀρχὰς κληροῦντες, ἀλλὰ τοὺς βελτίστους καὶ τοὺς ἱκανωτάτους
ἐφ' ἕκαστον τῶν ἔργων προκρίνοντες . . . καὶ δημοτικωτέραν ἐνόμιζον εἶναι
ταύτην τὴν κατάστασιν ἢ τὴν διὰ τὸ λαγχάνειν γιγνομένην· ἐν μὲν γὰρ
τῇ κληρώσει τὴν τύχην βραβεύσειν καὶ πολλάκις λήψεσθαι τὰς ἀρχὰς τοὺς
ὀλιγαρχίας ἐπιθυμοῦντας, ἐν δὲ τῷ προκρίνειν τοὺς ἐπιεικεστάτους τὸν
δῆμον ἔσεσθαι κύριον ἑλέσθαι τοὺς ἀγαπῶντας μάλιστα τὴν καθεστῶσαν
πολιτείαν.

heit, so wurde der betreffende Beamte vor ein Gericht gestellt und war bis zur Entscheidung desselben jedenfalls
suspendirt [1]). Im Falle dass das Gericht auf Amtsentlassung
erkannte, wird ihm zugleich zu befinden obgelegen haben,
ob es dabei sein Bewenden haben könne oder ob Veranlassung
zu crimineller Bestrafung vorliege. Ebenso wurde der Beamte,
welchem die Rechenschaftsbehörde nach abgelaufener Amts-
zeit nicht Decharge erteilt hatte, vor einen unter ihrem Vorsitz zusammentretenden Gerichtshof von 501 Mitgliedern gestellt, welcher ihn freisprach oder auf die Pflicht des Schaden-
ersatzes in förmlichem Urteil erkannte [2]). Die Heliasten bilden
auch das Verwaltungsgericht bei Competenzstreitigkeiten der
Behörden [3]), wie sie die Zwiste zu entscheiden haben, welche
zwischen dem Fiscus und einem Privatmann entstehen [4]); an
einen Gerichtshof von 201 Mitgliedern müssen die Gesuche der
designirten Trierarchen auf Erlass dieser Verpflichtung gerichtet
werden [5]), also sind sie die zuständige Instanz zur Erledigung
von Steuerreclamationen.

Sehr wichtig ist die Competenz der heliastischen Gerichte

---

[1]) Aristoteles bei Harpokrat. u. κυρία ἐκκλησία. Pollux 8, 87 (von
der Competenz der neun Archonten) καθ᾽ ἑκάστην πρυτανείαν ἐπερωτᾶν, εἰ
δοκεῖ καλῶς ἄρχειν ἕκαστος, τὸν δ᾽ ἀποχειροτονηθέντα κρίνουσιν. Vgl.
Platner, Prozess und Klagen I S. 330 ff.

[2]) Der Heliast der Wespen hat seinen Hahn im Verdacht, dass er von
den Hypeuthynen bestochen sei spät zu krähen (V. 100; vgl. 571).

[3]) Vom Staate der Athener III 4 in der Aufzählung der Competenz der
Gerichte: πρὸς δὲ τούτοις ἀρχὰς δοκιμάσαι καὶ διαδικάσαι.

[4]) Man vergleiche hierüber die in der vorigen Anmerkung angeführte
Stelle: ein Privatmann kann fiskalischen Grund und Boden als sein Eigentum
behandeln; es können Streitigkeiten entstehen, wenn der Zustand des dem
Trierarchen überwiesenen Schiffsrumpfes bei der Zurücklieferung nicht ordnungsmässig befunden wird, da der Staat nur für den durch Sturm und Schlacht
entstandenen Schaden aufkommt. Solche Diadikasien erwähnt (Demosth.) 47, 26.

[5]) Böckh, Urkunden über das Seewesen S. 210. Kirchhoff, Abhandlungen
der Berliner Akademie 1865 S. 71.

bei der Verleihung des Bürgerrechtes an Fremde, das
ohne ihre Genehmigung nicht perfect werden konnte. Schon vor
dem peloponnesischen Kriege haben sie das Bestätigungsrecht
der bezüglichen Volksbeschlüsse geübt; denn als den Mitgliedern der platäischen Gemeinde nach der Zerstörung ihrer
eigenen Stadt freigestellt wurde sich in das attische Bürgerrecht aufnehmen zu lassen, wurden die Gesuche der diese
Gunst beanspruchenden Platäer einem Gerichtshofe zur Entscheidung unterbreitet. Dieser hatte nicht bloss zu prüfen, ob
bei dem Bittsteller die selbstverständliche Vorbedingung der
Schenkung, der Besitz des platäischen Bürgerrechtes, zuträfe,
sondern es war ihm auch zu untersuchen aufgegeben, ob
Jener zu den Freunden Athens, d. h. zur demokratischen Partei
gehöre; damit war das Urteil über die politische Zuträglichkeit
der Gunstbezeugung für jeden einzelnen Fall völlig in das
Ermessen des Gerichtshofes gestellt [1]). Den Hergang bei einer
Bürgerrechtserteilung lernen wir aus der Rede gegen Neaira
89 ff. kennen. Das Gesetz bestimmt dass über diese nur auf
Grund besonderer dem attischen Volke erwiesener Dienste zu
erteilende Auszeichnung zweimal von der Ekklesie abgestimmt
werden müsse: war der bezügliche Antrag genehmigt, so musste
er noch einmal auf die Tagesordnung der nächsten Volksversammlung gesetzt werden, in welcher die geheime Abgabe von
mindestens 6000 Stimmen erforderlich war. „Danach aber", so
heisst es in jener Rede, „hat das Gesetz jedem Bürger die Einbringung einer Schriftklage wegen Gesetzwidrigkeit gegen den
Vorgeschlagenen freigestellt und es steht zu vor das Gericht
zu treten und darzulegen, dass Jener der Verleihung nicht

---

[1]) (Demosth.) 59, 105 ὁρᾶτε δή, ὦ ἄ. Ἀθ., ὡς καλῶς καὶ δικαίως
ἔγραψεν ὁ ῥήτωρ ὑπὲρ τοῦ δήμου τοῦ Ἀθηναίων, καὶ ἠξίωσε τοὺς Πλα-
ταιέας λαμβάνοντας τὴν δωρεὰν πρῶτον μὲν δοκιμασθῆναι ἐν τῷ δικαστηρίῳ κατ᾽ ἄνδρα ἕκαστον, εἰ ἔστι Πλαταιεὺς καὶ εἰ τῶν φίλων τῶν τῆς
πόλεως.

würdig, sondern wider die Gesetze athenischer Bürger geworden sei. Und schon manchmal ist es vorgekommen dass sich
in Folge einer vor das Gericht gebrachten Gesetzwidrigkeitsklage die Unwürdigkeit des Empfängers herausstellte, wo das
Volk, getäuscht durch die Reden der Bittsteller, das Bürgerrecht bewilligt hatte, und dann hat es das Gericht ihm wieder
.genommen." Diese klare Schilderung bedarf nur insofern der
Ergänzung, als nicht die Einbringung einer γραφὴ παρανόμων
abgewartet werden musste, um den Volksbeschluss der gericht-
lichen Revision unterwerfen zu können: nach dem Zeugniss
einer langen Reihe von Inschriften wurde schon in denselben
die Bestimmung aufgenommen, dass er einem 501 Mitglieder
starken Gerichtshofe unterbreitet werden und nur unter dem
Vorbehalte der von diesem zu erteilenden Ratification perfect
werden solle. So *Corpus Inscriptionum Atticarum* II 395: δε-
δόσθαι δὲ αὐτῷ καὶ πολιτείαν δοκιμασθέντι ἐν τῷ δικαστηρίῳ
κατὰ τὸν νόμον, τοὺς δὲ θεσμοθέτας, ὅταν πρῶτον πληρῶσιν
δικαστήριον εἰς ἕνα καὶ πεντακοσίους δικαστάς, εἰσαγαγεῖν αὐτῷ
τὴν δοκιμασίαν κατὰ τὸν νόμον, καὶ εἶναι αὐτῷ δοκιμασθέντι
γράψασθαι φυλῆς καὶ δήμου καὶ φρατρίας, ἧς ἂν βούληται, vgl.
no. 396. 402. 427. 429. 455. In no. 331 ist die Anweisung an die
Thesmotheten das Verleihungsdecret einem heliastischen Gerichtshof zur Genehmigung vorzulegen erst durch ein Amendement der Volksversammlung dem Ratsbeschlusse hinzugefügt
worden, doch zeigt die Fassung dieses Zusatzes τοὺς δὲ θεσμοθέτας εἰσαγαγεῖν αὐτῷ τὴν δοκιμασίαν τῆς δωρεᾶς εἰς τὸ
δικαστήριον κατὰ τὸν νόμον, dass es sich nur um eine formale Verbesserung handelt und dass nicht etwa die Bürgerrechtserteilung ohne Mitwirkung der Gerichte möglich war.
Auch 320 und 328 ist die Fortlassung dieser Bestimmung
danach als zufällig anzusehen, dagegen musste sie von selbst
ausfallen in der oben S. 23 f. besprochenen Urkunde, da der
darin enthaltene Volksschluss schon wegen der gleichzeitig

ausgesprochenen Dotationsbewilligung der Revision einer heliastischen Commission unterlag. In den älteren dieser Inschriften, die nicht lange nach dem Anfange des vierten Jahrhunderts beginnen, ist auch die zweite Volksabstimmung,
welche das angeführte Gesetz fordert, ausdrücklich angeordnet: no. 312 δεδόχϑαι τῷ δήμῳ ἐπαινέσαι τὸμ βασιλεῖα Αὐδω-
λέοντα Πατράου Παίονα ..., εἶναι δὲ αὐτὸν Ἀϑηναῖον ..., τοὺς
δὲ πρυτάνεις, οἳ ἂν πρῶτον λάχωσιν πρυτανεύειν, δοῦναι
περὶ αὐτοῦ τὴν ψῆφον εἰς τὴμ πρώτην ἐκκλησίαν, τοὺς
δὲ ϑεσμοϑέτας εἰσαγαγεῖν αὐτῷ τὴν δοκιμασίαν τῆς δωρεᾶς εἰς
τὸ δικαστήριον, ὅταν πρῶτον οἷόν τ' ᾖ, ebenso no. 318 und
397. In no. 396 fehlt diese Bestimmung schon und constant
in den späteren 402. 427. 429. 455, so dass man von einer
zwiefachen Abstimmung der Ekklesie abgesehen zu haben
scheint, als die Verleihung des Bürgerrechtes immer gewöhn-
licher und bedeutungsloser wurde; es ist aber sehr bezeichnend für die Stellung der Gerichte, dass ihre Genehmigung
immer noch notwendig war.

Nach der angeführten Stelle aus der Rede gegen Neaira
wäre es möglich dass das Gericht nur auf Grund einer eingebrachten γραφὴ παρανόμων seine Zustimmung zu der vom
Volke gewährten Verleihung versagen konnte und dass es
sonst nur den Mangel einer Einrede constatirte, wodurch die
Gunstbezeugung von selbst perfect wurde. Diese Beschränkung
wäre aber eine sehr unwesentliche; denn da der Widerspruch,
wie ausdrücklich gesagt ist, sich auf die blosse Behauptung der
Unwürdigkeit des Candidaten stützen durfte, so konnte auf
das Belieben jedes Bürgers, also auch eines Mitgliedes des
Gerichtshofes selbst, der materielle Inhalt des Volksbeschlusses
einer Entscheidung unterworfen werden, welche gar nicht auf
discutirbare Gründe hin zu fällen war, sondern nach dem blossen
subjectiven Ermessen der Heliasten zustimmend oder cassirend
ausfallen musste. Es steht also als eine nach absolutistischer

Willkür bestimmende Instanz eine Körperschaft von fünfhundert
Geschworenen über einem zweimaligen Beschluss der Volksversammlung, über dem geheim abgegebenen Votum von sechstausend Bürgern: das heisst nach attischem Staatsrecht, dass
der legitim ausgesprochene Wille der Gesammtbürgerschaft,
eine von allen Athenern getroffene Bestimmung durch einen
einzelnen Gerichtshof einfach cassirt werden kann. —

Durch die Einbringung einer Gesetzwidrigkeitsklage kann
auch jedes andere von sechstausend Bürgern bewilligte Privilegium suspendirt und den Heliasten die Entscheidung anheim
gegeben werden, bei welcher niemals von rechtlicher Begründung, sondern nur von Opportunität und Billigkeit die Rede
sein kann. Ja es genügt in jedem Stadium irgend einer Beratung der Volksversammlung die blosse eidliche Erklärung
eines beliebigen Bürgers, dass er in der Form dieser Klage
die zur Verhandlung stehende Sache an die Heliasten bringen
wolle, um die Debatte sofort zu inhibiren und die Abstimmung unmöglich zu machen[1]). So kann zur Befindung über
jeden beabsichtigten oder vollzogenen Akt der Volksversammlung das Gericht als die höhere Instanz angerufen werden
und der Wille eines Bürger genügt, um die Entscheidung
über irgend eine Maassregel der Volksversammlung zu ent-
ziehen und den Heliasten zu überweisen. Diese wahrhaft
souveräne Stellung der Gerichte gegenüber dem versammelten Volke ist den Alten wohl bewusst gewesen. Als der
Demos der Halimusier dem Euxitheos das Bürgerrecht aber-
kannt hat, sagt er in der von Demosthenes verfassten Rede,
mit welcher er seine Berufung vor einem heliastischen Gerichtshof vertritt, dass er vertrauensvoll hier sein Recht suche,
weil er wisse dass die Gerichte nicht bloss mächtiger sind

---

[1]) Pollux 8, 56 ὑπωμοσία δέ ἐστιν, ὅταν τις ἢ ψήφισμα ἢ νόμον γρα-
φέντα γράψηται ὡς ἀνεπιτήδειον· τοῦτο γὰρ ὑπομόσασθαι λέγουσιν. καὶ
οὐκ ἦν μετὰ τὴν ὑπωμοσίαν τὸ γραφὲν πρὶν κριθῆναι κύριον.

wie der Demos der Halimusier, sondern sogar wie Rat und
Volk [1]). Damit ist vollkommen das wahre Sachverhältniss ausgedrückt, das von Demosthenes an einer andren Stelle sogar
schlechthin mit dem Ausspruch bezeichnet werden kann, dass
die Richter Macht und Gewalt über Alles im Staate haben [2]);
wie Aristoteles in Verlegenheit wegen der Frage, ob den Heliasten die Beamtenqualität zuzusprechen sei, es lächerlich
findet sie den Mächtigsten abstreiten zu wollen [3]). Selbst
der oligarchisch gesinnte Verfasser der Schrift vom Staate der
Athener ruft aus: „es sage einer, was in Athen nicht von den
Gerichten entschieden werden sollte [4])", und da wir sahen
dass der Spruch von 500 Heliasten mehr bedeutet als zwei
Volksbeschlüsse, so übertreibt Demosthenes nicht, wenn er
sagt, dass die Richter Macht und Gewalt haben über alle
Angelegenheiten des Staates, ob er sie in der Menge von
zweihundert oder von tausend oder in welcher Anzahl immer
einberuft [5]). Wie die Competenz des Richters eine unbedingte,
höchste ist, so steht auch auf die unbefugte Ausübung derselben die höchste Strafe, der Tod [6]), und vor dem Beginne

---

[1]) Demosthenes 57, 56 διὰ ταῦτα τοίνυν ἐγὼ πιστεύων ἐμαυτῷ κατέ-
φυγον εἰς ὑμᾶς. ὁρῶ γάρ, ὦ ἄνδρες Ἀθηναῖοι, οὐ μόνον τῶν ἀποψηφισα-
μένων Ἁλιμουσίων ἐμοῦ κυριώτερ᾽ ὄντα τὰ δικαστήρια, ἀλλὰ καὶ τῆς βουλῆς
καὶ τοῦ δήμου.

[2]) 20, 93 συνίεθ᾽ ὃν τρόπον, ὦ ἄ. Ἀθ., ὁ Σόλων τοὺς νόμους, ὡς
καλῶς κελεύει τιθέναι, πρῶτον μὲν παρ᾽ ὑμῖν, ἐν τοῖς ὀμωμοκόσι, παρ᾽
οἷσπερ καὶ τἄλλα κυροῦται κτλ.

[3]) Aristot. Polit. III 1 (p. 1275 a exit.) καίτοι γελοῖον τοὺς κυριω-
τάτους ἀποστερεῖν ἀρχῆς. vgl. oben S. 22.

[4]) III 6 εἰπάτω γάρ τις, ὅ τι οὐ χρῆν αὐτόθι δικάζειν. Die Stelle
ist erst durch die von Kirchhoff eingeführte Schreibung ὅ τι für ὅτι verständlich geworden.

[5]) Demosth. 21, 223 καὶ γὰρ αὐτὸ τοῦτο εἰ ᾽θέλοιτε σκοπεῖν καὶ ζητεῖν,
τῷ ποτ᾽ εἰσὶν ὑμῶν οἱ ἀεὶ δικάζοντες ἰσχυροὶ καὶ κύριοι τῶν ἐν τῇ πόλει
πάντων, ἄν τε διακοσίους ἄν τε χιλίους ἄν θ᾽ ὁπόσους ἡ πόλις καθίσῃ.

[6]) Demosth. 21, 182 ἀλλὰ Πύρρον, ὦ ἄ. Ἀθ., τὸν Ἐτεοβουτάδην, ἐν-

jeder Volksversammlung sprach der Herold eine feierliche
Verwünschung gegen diejenigen aus, die wie Rat und Volk
auch die Gerichte durch falsche Aussage täuschen würden[1]).

Nachdem wir versucht haben die staatsrechtliche Stellung
der Heliasten in Bezug auf die Gesetzgebung und innere Verwaltung zu ermitteln, können wir diejenigen ihrer Competenzen
in Betracht ziehen, vermittelst welcher sich ihr Einfluss auch
auf die auswärtigen Beziehungen des Staates erstreckte.

Bei dem Abschlusse von Handelsverträgen mit fremden
Staaten bilden die Gerichte die entscheidende Instanz. Die
antike Anschauung hat zwischen den Angehörigen verschiedener Länder zunächst kein andres Recht anerkannt als das
des Stärkeren, nach welchem es dem Geschädigten überlassen
war Repressalien oder Rache zu nehmen, so weit es in seiner
Macht stand. Während die staatlichen Institutionen dem
Fremden keinen Schutz boten, war ihm seine persönliche
Sicherheit nur durch den religiösen Glauben gewährleistet:
über die ihm zugefügte Unbill wachte der Zeus Xenios und
als unverletzlich anerkannte heilige Stätten schützten ihn wenigstens so lange er in ihnen verweilte. Dieser Zustand
musste unerträglich erscheinen, sobald die Länder in gegen-
seitige Handelsbeziehungen traten, deren Entwickelung ohne
eine gewisse Rechtssicherheit nicht möglich ist, und für die
einen lebhaften Seehandel betreibende Stadt Athen musste das
eigene Interesse das Bedürfniss hervorrufen nicht in engher-
ziger Isolirung zu verharren. Es war demnach den Fremden
das Klagerecht in Athen zugestanden; wie wir nicht zweifeln
können, musste er sich durch den Proxenos seines Staates

δειχθέντα δικάζειν ὀφείλοντα τῷ δημοσίῳ, θανάτῳ ζημιῶσαί τινες ὑμῶν
ᾤοντο χρῆναι, καὶ τέθνηκεν ἁλοὺς παρ' ὑμῖν.

[1]) Demosth. 23, 97 διόπερ καταρᾶται καθ' ἑκάστην ἐκκλησίαν ὁ
κῆρυξ, οὐκ εἴ τινες ἐξηπατήθησαν, ἀλλ' εἴ τις ἐξαπατᾷ λέγων ἢ βουλὴν ἢ
δῆμον ἢ τὴν ἡλιαίαν.

vor Gericht vertreten lassen; mindestens in Makedonien war auch dem attischen Bürger das Klagerecht gewährt[1]). Je lebhafter der internationale Verkehr wurde, um so wünschenswerter musste es sein die ordentliche Processführung zwischen Angehörigen verschiedener Staaten zu erleichtern: dies geschah auf Grund förmlicher Staatsverträge, σύμβολα[2]), welche dem Fremden bei persönlicher Anwesenheit das Recht zusicherten selbständig Processe zu führen und die Normen der Einbringung dieser Klagen, die δίκαι ἀπὸ συμβόλων hiessen, regelten. In dem inschriftlich erhaltenen Rechtsvertrage mit Phaselis aus den ersten Jahren des vierten Jahrhunderts (*Corp. inscr. Attic.* II 11) wird für eine bestimmte Art von Processen gegen Phaseliten, die δίκαι συμβολαίων, d. h. für Klagen, welche aus Vereinbarungen folgende Verpflichtungen betreffen[3]), der Polemarch als der instruirende Beamte festgesetzt und es wird gesagt, dass es den Chiern gegenüber ebenso gehalten werde, auch im Uebrigen sollen die Bestimmungen .des mit Chios abgeschlossenen Vertrages maassgebend sein. Rechtshändel jener Art mussten bei der Natur von Handelsbeziehungen weitaus die häufigsten sein, die auf Grund dieser Rechtsverträge eingeleitet wurden; wenn attische Parteien sie anstrengten, so waren sie bei den Thesmotheten einzureichen[4]): wollte man diese schon überaus belastete Behörde erleichtern, so bot sich von selbst der Beamte dar, dem auch sonst die Schutzbürger und Fremde betreffenden Angelegenheiten unterstanden. Der Vertrag mit Phaselis lehrt uns, dass mindestens zur Zeit seines Abschlusses die Zuständigkeit einer

---

[1]) (Demosth.) 7, 13.

[2]) Harpocrat. u. σύμβολα· τὰς συνθήκας, ἃς ἂν αἱ πόλεις ἀλλήλαις θέμεναι τάττωσι τοῖς πολίταις ὥστε διδόναι καὶ λαμβάνειν τὰ δίκαια.

[3]) Vgl. Meier Der attische Process S. 493.

[4]) Demosth. 34, 45 οἱ μὲν νόμοι τῶν Ἀθήνησι συμβολαίων κελεύουσι τὰς δίκας εἶναι πρὸς τοὺς θεσμοθέτας.

bestimmten Behörde zur Instruction nicht feststand, sondern
jedesmal besonders bestimmt wurde[1]). In Athen wurde über
den Abschluss eines solchen Vertrages zuerst in der Volksversammlung verhandelt[2]); wir wissen nicht, ob sie sich nur
generell über die Opportunität einer mit dem und dem Staate
zu treffenden Vereinbarung auszusprechen hatte oder ob sie
auch das Einzelne der Bestimmungen beriet, welche in vor-
läufigen Verhandlungen zwischen den Vertretern der contrahirenden Staaten festgestellt sein mussten. Sicher ist dass
der Entwurf nicht in Kraft treten konnte, ohne dass er von
einem heliastischen Gerichtshof, welchem die Thesmotheten
präsidirten, genehmigt war: wir müssen uns vorstellen dass
die Gesandten des fremden Staates die Wünsche ihres Souveräns vor dem attischen Gerichte zu vertreten und, wenn es
nötig war, die Concessionen zu bezeichnen hatten, welche sie
gegen den vorgelegten Entwurf zu bewilligen ermächtigt waren.
Nachdem die Heliasten den Vertrag in einer bestimmten Form
festgestellt hatten, war eine nochmalige Verhandlung unmöglich: er galt entweder in der ihnen genehmen Gestalt oder war
überhaupt gescheitert und weder einer Instanz des eigenen
Staates noch des fremden, selbst nicht dem Monarchen desselben wurde ein Einspruch gestattet. In der Rede über
Halonnesos, 9 heisst es: (Φίλιππος) ἔτι περὶ συμβόλων φησὶ
πεπομφέναι πρὸς ὑμᾶς τοὺς ποιησομένους· ταῦτα δὲ κύρια
ἔσεσθαι, οὐκ ἐπειδὰν ἐν τῷ δικαστηρίῳ τῷ παρ' ὑμῶν κυρωθῇ,
ὥσπερ ὁ νόμος κελεύει, ἀλλ' ἐπειδὰν ὡς ἑαυτὸν ἐπανεχθῇ, ἐφ ἐ-

---

[1]) Pollux 8, 88 sagt, dass die δίκαι ἀπὸ συμβόλων von den Thesmotheten instruirt worden seien; es ist aber sehr möglich, dass diese Angabe nur
auf einer Verwechslung mit den δίκαι συμβολαίων beruht oder von der Competenz der Thesmotheten beim Abschluss der σύμβολα hergeleitet ist. Wir
können also auf dies Zeugniss nicht annehmen, dass zu irgend einer Zeit die
Instruction jener Processe durchgängig Sache der Thesmotheten war.

[2]) Vgl. Schoemann Der attische Process S. 775 ff.

σιμον τὴν παρ᾽ ὑμῶν γενομένην γνῶσιν ὡς ἑαυτὸν ποιούμενος.
Erst Schoemann war es vorbehalten das Verständniss dieser
Stelle zu lehren (a. a. O. S. 778 Anm. 9): Philippos wollte
„dass die Symbola in Makedonien von ihm selbst, nicht zu
Athen von seinen Bevollmächtigten ratificirt werden sollten,
so dass also der Beschluss der athenischen Commission noch
seiner Prüfung unterworfen wurde". Der hochverdiente Mann
urteilt aber zu hart, wenn er die Anschauung, in welcher der
Unwille des Redners über dieses Verlangen des Königs seinen
Grund hat, eine „Anmaassung" nennt. Sie war es nicht nach
den eingewurzelten Begriffen der Athener: das Heliastengericht
war ihnen nur als die absolut entscheidende Instanz bekannt,
deren Spruch umzustossen ihren eigenen Mitbürgern nirgends
ein Mittel geboten war: so konnte es wol ihnen als eine Anmaassung erscheinen, dass ein Fremder die Festsetzungen einer
nach ihren Staatsgrundsätzen souverän erkennenden Körperschaft zu revidiren beanspruchte. Für die Stellung, welche
nach den Begriffen der Athener die Geschworenengerichte ein-
nahmen, ist allerdings im höchsten Grade die Verwunderung
darüber bezeichnend dass ein auswärtiger Monarch einen Vertrag, der wichtige Rechtsverhältnisse seiner Untertanen ordnet,
nicht unbesehen so gutheissen will, wie attische Heliasten ihn
festzustellen beliebt haben. —

Während der Dauer des ersten Seebundes waren die Gerichte bei der Ansetzung des von den zugehörigen Gemeinden
nach Athen zu entrichtenden Tributes beteiligt nach der Schrift
vom Staate der Athener III, 5, wo es bei der Aufführung der
nicht ständigen Obliegenheiten der Gerichte heisst: πολλὰ ἔτι
πάνυ παραλείπω, τὸ δὲ μέγιστον εἴρηται πλὴν αἱ τάξεις τοῦ
φόρου· τοῦτο δὲ γίγνεται ὡς τὰ πολλὰ δι᾽ ἔτους πέμπτον.
Ulrich Köhler in seinen 'Urkunden und Untersuchungen zur
Geschichte des delisch-attischen Bundes' (Abhandlungen der
Berliner Akademie 1869 II) S. 68 hält es für „zweifelhaft, ob

alle Ansätze der Prüfung der Gerichtshöfe unterzogen wurden,
oder etwa bloss diejenigen, welche die davon betroffenen Städte
anzuerkennen sich weigerten". Wir müssen nicht nur diesen
Zweifel für völlig berechtigt halten, sondern sind der bestimmten
Ueberzeugung dass der Ansatz der Tributsummen in der Volksversammlung erfolgte, während es den Bündnern freistand
Reclamation bei den attischen Gerichten zu erheben. Den
Methonäern wurde Ol. 88, 1 Befreiung von jeder Beisteuer
zugebilligt; nur um den Tempelschatz der Athena nicht
zu schädigen, wird ihnen aufgegeben das der Göttin ent-
fallende Sechzigstel von der Summe zu entrichten, die sie nach
der letzten Schatzung zu zahlen gehabt hätten. Die Urkunde
über dieses Privilegium (*Corp. inscr. Attic.* 1 40) beginnt:
ἔδοξεν τῇ βουλῇ καὶ τῷ δήμῳ ... διαχειροτονῆσαι τὸν δῆμον
αὐτίκα πρὸς Μεθωναίους, εἴτε φόρον δοκεῖ τάττειν τὸν δῆμον
αὐτίκα μάλα ἢ ἐξαρκεῖν αὐτοῖς τελεῖν ὅσον τῇ θεῷ ἀπὸ τοῦ
φόρου ἐγίγνετο, ὃν τοῖς προτέροις Παναθηναίοις ἐτετάχατο
φέρειν, τοῦ δὲ ἄλλου ἀτελεῖς εἶναι. Ueber einen Erlass des
Tributes hat demnach die Volksversammlung das Recht zu
befinden, ohne dass eine Mitwirkung der Gerichte erforderlich
ist; dies wäre aber unmöglich, wenn sie bei der Festsetzung
concurrirt hätten, denn niemals kann die Volksversammlung
einen richterlichen Beschluss aufheben. Köhler hebt mit Recht
hervor, dass, wie die in den Quotenlisten auftretende Rubrik
der πόλεις αὐταὶ φόρον ταξάμεναι zeige, den Städten „ein ge-
wisser Anteil bei der Feststellung der Bundesbeiträge eingeräumt war"; jetzt haben wir hierfür noch ein klares urkund-
liches Zeugniss in dem gleich ausführlicher zu besprechenden
Vertrage zwischen Athen und Chalkis, nach dessen 26. Zeile
die Chalkidier zu schwören haben καὶ τὸν φόρον ὑποτελῶ, ὃν
ἂν πείθω Ἀθηναίους. Man hat also den Abgesandten
der Städte nicht das Recht verweigert in den bezüglichen
Rats- und Volksversammlungen ihre Wünsche geltend zu

machen, und ausserdem stand es den Bundesgenossen zu wegen
eines ihnen unbillig erscheinenden Ansatzes Berufung an die
Heliasten einzulegen, bei deren Spruche sie sich dann beruhigen
mussten. Hätten die Gerichte gleich von Anfang an die Tributsummen festgesetzt, so wäre eine Anfechtung derselben nicht
mehr statthaft gewesen: wie wir gesehen haben, galt sogar die
Revision eines von den Gerichten sanctionirten Vertrages durch
den contrahirenden auswärtigen Souverän für undenkbar. Die
τάξις τοῦ φόρου, welche das angeführte Zeugniss den Gerichten zuweist, ist demnach ebenso als das Revisions-
recht der Heliasten in Folge einer an sie eingelegten Berufung
gemeint wie das ἀρχὰς δοκιμάσαι derselben Schrift. Wiederum
bezeugt sich auch in der Norm der Tributfeststellung die durch-
gehende Bedeutung der heliastischen Gerichte als einer endgiltig entscheidenden Instanz zur Bestätigung oder Abänderung
von Volksbeschlüssen, von denen eine Berufung möglich ist.

Als Vertreter der Volksgemeinde gegenüber einem fremden
Staate erscheinen die Heliasten in der wichtigen Inschrift,
welche durch die von reichem Erfolge gekrönten Ausgrabungen der archäologischen Gesellschaft in Athen am Süd-
abhange der Akropolis jüngst zu Tage gefördert ist: in der
wohlerhaltenen Vertragsurkunde mit Chalkis, welche nach
dem von Perikles niedergeschlagenen Aufstande dieser Stadt
im Jahre 446/5 ihr Verhältniss zu Athen ordnet. Die Inschrift
ist mehrfach herausgegeben und behandelt worden [1]), doch
scheint uns der für unsere Kenntniss daraus zu ziehende Gewinn noch nicht erschöpfend hervorgehoben zu sein und wir
können ihre Erörterung von unsrer Aufgabe nicht ausschliessen.
Wir setzen den Anfang der Inschrift hierher, indem wir zum

---

[1]) Kumanudis in der Zeitung Ὥρα vom 19. Juni 1876 (No. 255). Derselbe im Ἀθήναιον V p. 76. Egger, *Journal des Savants* 1876 p. 448. Köhler,
Mitteilungen des deutschen archäolog. Institutes I S. 184. Foucart, *Revue ar-
chéologique* 1877 (XXXIII) p. 242.

Behufe bequemerer Verweisung die einzelnen Paragraphen mit Buchstaben bezeichnen:

a. Ἔδοξεν τῇ βουλῇ καὶ τῷ δήμῳ· Ἀντιοχὶς ἐπρυτάνευε, Δρακοντίδης ἐπεστάτει, Διόγνητος εἶπε· κατὰ τάδε τὸν ὅρκον ὀμόσαι Ἀθηναίων τὴν βουλὴν καὶ τοὺς δικαστάς·

b. οὐκ ἐξελῶ Χαλκιδέας ἐκ Χαλκίδος οὐδὲ τὴν πόλιν ἀνάστατον ποήσω,

c. οὐδὲ ἰδιώτην οἰδένα ἀτιμώσω οὐδὲ φυγῇ ζημιώσω οὐδὲ ξυλλήψομαι οὐδὲ ἀποκτενῶ οὐδὲ χρήματα ἀφαιρήσομαι ἀκρίτου οὐδενὸς ἄνευ τοῦ δήμου τοῦ Ἀθηναίων,

d. οὐδ' ἐπιψηφιῶ κατὰ ἀπροσκλήτου οὔτε κατὰ τοῦ κοινοῦ οὔτε κατὰ ἰδιώτου οὐδὲ ἑνός, καὶ πρεσβείαν ἐλθοῦσαν προσάξω πρὸς βουλὴν καὶ δῆμον δέκα ἡμερῶν ὅταν πρυτανεύω κατὰ τὸ δυνατόν.

e. ταῦτα δὲ ἐμπεδώσω Χαλκιδεῦσιν πειθομένοις τῷ δήμῳ τῷ Ἀθηναίων. ὀρκῶσαι δὲ πρεσβείαν ἐλθοῦσαν ἐκ Χαλκίδος μετὰ τῶν ὀρκωτῶν Ἀθηναίους καὶ ἀπογράψαι τοὺς ὀμόσαντας, ὅπως δ' ἂν ὀμόσωσιν ἅπαντες, ἐπιμελόσθων οἱ στρατηγοί.

f. κατὰ τάδε Χαλκιδέας ὀμόσαι· οὐκ ἀποστήσομαι ἀπὸ τοῦ δήμου τοῦ Ἀθηναίων οὔτε τέχνῃ οὔτε μηχανῇ οὐδεμίᾳ ... ὀμόσαι δὲ Χαλκιδέων τοὺς ἡβῶντας ἅπαντας, ὃς δ' ἂμ μὴ ὀμόσῃ, ἄτιμον αὐτὸν εἶναι καὶ τὰ χρήματα αὐτοῦ δημόσια καὶ τοῦ Διὸς τοῦ Ὀλυμπίου τὸ ἐπιδέκατον ἱερὸν ἔστω τῶν χρημάτων [1]).

Die ausgeschriebenen Worte enthalten die Eidesformeln, in welchen sich die beiden contrahirenden Staaten die gegen-

---

[1]) Foucart verdanken wir die wichtige und evidente Beobachtung, dass mit dem Eide der Chalkidier das in *C. I. Att.* II 92 erhaltene Fragment einer Schwurformel aus dem Anfange des vierten Jahrhunderts wörtlich übereinstimmt. Damit ist einmal bewiesen, dass die Athener nach der Schlacht bei Knidos ihre Seeherrschaft unter den Formen des früheren Bundes von Delos herzustellen versuchten und ferner wird der wörtlich herübergenommene Eid nicht für die Chalkidier besonders verfasst worden, sondern feststehend gewesen sein.

seitige Erfüllung ihrer vertragsmässigen Pflichten garantiren und sie bestimmen diejenigen Angehörigen der boiden Staaten, welche die Eide leisten sollen: von Seiten Athens haben zu schwören der Rat und die Richter (*a*), von den Chalkidiern „die im reifen Alter stehenden insgesammt"; wer von diesen die Eidesleistung verweigert, wird mit harten Strafen, mit Ehrlosigkeit und Vermögensverlust, bedroht (*f*). Von den durch den Eid der Athener zu confirmirenden Bestimmungen steht die Erfüllung der in *c* enthaltenen Zusicherungen, nach welchen über keinen Chalkidier Atimie, Verbannung, Tod und Vermögensconfiscation verhängt werden soll ausser in förmlichem Rechtsverfahren und unter Begleitung eines Volksbeschlusses, bei der einen Gruppe der Eidesleister, bei den Richtern, allein. Die Worte ἄνευ τοῦ δήμου τοῦ Ἀθηναίων bedeuten dass auf die genannten Strafen nur in zweimaliger Verhandlung erkannt werden kann, von denen die erste vor der Volksversammlung, die zweite vor einem Gerichtshof zu führen ist.

Die Grenzen der von Athen über Chalkis auszuübenden Rechtshoheit genau festzusetzen ist der Zweck eines vom Volke genehmigten Zusatzes, das Archestratos zu dem die Modalität der Eidesleistung und einige Einzelheiten des Vertrages regelnden Amendement des Antikles gestellt hat: Z. 70 u. ff. Ἀρχέστρατος εἶπε. τὰ μὲν ἄλλα καθάπερ Ἀντικλῆς, τὰς δὲ εὐθύνας Χαλκιδεῦσι κατὰ σφῶν αὐτῶν εἶναι ἐν Χαλκίδι, καθάπερ Ἀθήνησιν Ἀθηναίοις, πλὴν φυγῆς καὶ θανάτου καὶ ἀτιμίας, περὶ δὲ τούτων ἔφεσιν εἶναι Ἀθήναζε ἐς τὴν ἡλιαίαν τὴν τῶν θεσμοθετῶν κατὰ τὸ ψήφισμα τοῦ δήμου. Foucart versteht unter εὔθυναι nach dem gewöhnlichen uns bekannten Sprachgebrauch die Processe gegen Beamte in Folge nicht erteilter Decharge bei der Rechenschaftslegung, aber offenbar hat das Wort hier noch den weiteren Sinn der 'Processe' überhaupt, wie εὐθύνεσθαι 'büssen' schlechthin heisst: wir werden unten

weitere Belege dafür beizubringen haben dass in der periklei-
schen Zeit die juristische Terminologie noch schwankend
war. Es wird den Chalkidiern durch dieses Amendement ausdrücklich garantirt, dass ihnen die Rechtshoheit über ihre Bürger
nicht genommen werden solle; nur wenn in Chalkis auf Verbannung, Tod oder Atimie erkannt ist, steht Berufung an die
Heliaia nach Athen zu[1]). Damit werden die Umstände abgegränzt, unter welchen die Heliasten überhaupt in die Lage
kommen können die den Chalkidiern in c angelobten Rechts-
garantien eintreten zu lassen und es ist nicht zu verkennen,
dass die Auswahl der Strafarten darauf hinzielt in allen politischen Processen den Organen des führenden Staates die
Entscheidung zu sichern.   Sollten unter irgend welchem Vor-
wande in Chalkis Capitalprocesse gegen die Anhänger Athens
angestrengt werden, so brachten im Falle der Verurteilung
die Beklagten ihre Sache vor die attischen Gerichte, und dasselbe Mittel stand den Freunden Athens zu Gebote, wenn auf
die von ihnen etwa erhobenen Anklagen wegen hochverräte-
rischer zum Zwecke der Aenderung des bestehenden Untertanen-
verhältnisses zu Athen angestifteter Umtriebe die chalki-
dischen Gerichte nicht loyal die schuldige Ahndung eintreten
liessen.   Für eine soeben mit Waffengewalt zur Botmässig-
keit zurückgebrachte Stadt war diese Anordnung höchst
zweckmässig und staatsmännisch: die Gewissheit dass schon
bei den Anfängen meuterischer Aufwiegelungen der mächtige
Arm des leitenden Staates nahe war, musste von dem Versuche zurückschrecken; die sichere Erfolglosigkeit politischer
Tendenzprocesse gegen die Parteigänger Athens die Chicanirung
in rechtlicher Form verhindern und die Missvergnügten zum

---

[1]) Die Worte $\varkappa\alpha\tau\grave{\alpha}\ \tau\grave{o}\ \psi\acute{\eta}\varphi\iota\sigma\mu\alpha\ \tau o\~u\ \delta\acute{\eta}\mu o\upsilon$ beziehen sich vielleicht auf
einen Volksbeschluss, der die Formen, unter welchen die Bündner an die
attischen Gerichte zu appelliren hatten, generell festsetzte. Um den Ausdruck
sicher deuten zu können scheint jedoch unser Material nicht auszureichen.

Frieden mahnen. In c ist von Atimie, Verbannung, Gefängniss, Hinrichtung, Vermögensconfiscation die Rede, in dem Amendement des Archestratos werden dieselben Strafarten aufgeführt, nur dass Gefängniss und Confiscation fehlen. Diese Incongruenz erklärt sich so, dass den Chalkidiern das Recht auf die endgiltige Verhängung dieser beiden Strafen nicht genommen werden durfte, da beide auch im gemeinen Civil- und im Criminalprocess nichtpolitischer Art eintreten können: so gab es in Athen eine Untersuchungshaft und bei Diebstahl konnte als Strafverschärfung auf Gefängniss erkannt werden [1]; im Falle civilrechtlicher Verpflichtung musste das Vermögen ganz oder teilweise haftbar bleiben. Dagegen kann im politischen Process gefängliche Haft nur stattfinden, wenn man sich der Person des auf Hochverrat Angeklagten vorläufig versichern will; Vermögenseinziehung ist hier nicht denkbar ausser in Folge von Hinrichtung, Atimie oder Verbannung. So war bei der Abgränzung der berufbaren Fälle die Anführung dieser beiden Strafarten nicht statthaft oder überflüssig; die Chalkidier dagegen hatten guten Grund sich auch bei der Verhängung dieser Präventiv- oder Folgemaassregeln den rechtlichen Weg und zweifache Verhandlung garantiren zu lassen.

Die von den Athenern unter d beschworenen Bestimmungen beziehen sich allein auf die zweite Gruppe der Eidesleister, die Ratsmänner; sogar nur, insofern sie in der Function von Prytanen zum Präsidium der Volksversammlung berufen werden können und den Zutritt zu Rat und Volk zu vermitteln haben.

Es sind uns noch die Festsetzungen b und e übrig: der Schwur „ich will die Chalkidier nicht aus Chalkis vertreiben und ihre Stadtgemeinde nicht auflösen" und die Bürgschaftsleistung von Seiten der attischen Eidesbevollmächtigten, dass

---

[1] Schoemann Der attische Process S. 582. 745.

den Chalkidiern die Bestimmungen des Vertrages erfüllt werden sollen, so lange sie ihrerseits den Athenern botmässig
bleiben würden. Hätte durch diese Paragraphen den Chalkidiern nur die Gewissheit gewährt werden sollen dass sie
sich von den Ratsmännern und Heliasten in Athen keiner
Unternehmung gegen den Bestand ihrer Gemeinde zu ver-
sehen hätten, so würden sie dieselben als offnen Hohn betrachtet und mit Entrüstung zurückgewiesen haben: niemand
kann zweifeln dass die Eidesleister im Namen ihres Staates
schwören und dass alle Glieder der attischen Gemeinde durch
ihr Wort mitverpflichtet werden. Wie von den Chalkidiern
alle erwachsenen Männer die Unterwerfung ihrer Gemeinde
durch ihren Eid bekräftigen, so sollen ihnen ihre Rechte
durch den Schwur aller erwachsenen Männer Athens garantirt
werden: die weitaus überwiegende Menge der vollberechtigten,
über dreissig Jahre alten Bürger, soweit sie am Staatsleben
tätigen Anteil nehmen, ist aber zu den beiden Körperschaften
der Heliasten und der Buleuten constituirt, so dass diese die
natürliche Vertretung der Gesammtheit bilden. In Athen werden
sonst Staatsverträge von den militärischen Beamten, allein oder
in Gemeinschaft mit dem Rate, beschworen [1]) und auch hier sollen
die Strategen die Schwurleistung leiten: da aber Perikles alle
erwachsenen Chalkidier in Eidespflicht zu nehmen gewillt ist,
um die Erfüllung des mit Blut erkauften Unterwerfungsver-
trages nach Möglichkeit zu sichern, hat er es für billig er-
achtet auch alle erwachsenen Athener auf die ihrer Gemeinde
auferlegten Verpflichtungen zu vereidigen. Köhler hat wiederholt hervorgehoben, dass Perikles sich bei seiner Bundespoli-
tik in weiser Mässigung von dem Grundsatze leiten liess dem
tatsächlichen Untertänigkeitsverhältniss der Städte eine mög-

---

[1]) Köhler, Mittheilungen des deutschen archäolog. Inst. I S. 24. Vgl. II
S. 144.

lichst schonende und rechtlich geordnete Form zu geben: den
Geist dieser Politik erkennen wir auch in der Bestimmung
über die Notwendigkeit zweifacher Verhandlung gegen einen
Angehörigen der verbündeten Gemeinde, wie in der Regelung
der Eidesleistung, welche für die beiden Teile wenigstens die
formale Gleichheit aufrecht erhält.

Wir haben nunmehr diejenigen Competenzen der Gerichte,
welche über die Function der Rechtsprechung hinausgehende
Machtvollkommenheiten darstellen, im Einzelnen betrachtet.
Wir haben gesehen dass die heliastischen Richter die Gesetzgebung und das Ausgabenbewilligungsrecht ausüben, die vom
Volke bestellten Beamten bestätigen oder absetzen, die Gna-
denerteilung des Bürgerrechtes perfect machen, Rechtsverträge
ratificiren, die Steuerpflicht der unter Athens Herrschaft stehenden Bundesgenossen festsetzen. Wir haben gesehen dass
eine Berufung vom Spruche des Gerichtes an das Volk niemals möglich ist, dass aber das Gericht Sprüche des Volkes,
selbst in zweimaliger Abstimmung schliesslich von sechstausend Stimmen unter besonderer Förmlichkeit gefällte, cassirt;
dass in der Form der Entscheidung über eine Gesetzwidrigkeitsklage jeder Akt der Ekklesie ihrer Controle unterworfen
werden kann. Es kann nicht nachdrücklich genug hervorgehoben
werden, dass die Souveränetät der Volksversammlung überall
eingeschränkt ist zu Gunsten der absolut souveränen Gerichte;
dass man die Bezeichnung als Gerichte auf sie anwenden
kann nur a potiori, weil die Function des Rechtsprechens,
eine ihrer Competenzen, als eine ständige und laufende sie
am meisten beschäftigt und am meisten in die Augen fällt,
dass sie in Wahrheit aber das Souveränetätsrecht der Jurisdiction ausüben nur als ein Ingrediens der ihnen schlechthin

4 *

anhaftenden Souveränetät. Die irrige Vorstellung von einer
besondren Ernennung zum Richteramte hat verhindert seine
Bedeutung für den Organismus des Staatswesens mit hinrei-
chender Klarheit zu erkennen: die Heliasten sind die Männer
reifen Alters, von mindestens dreissig Jahren, constituirt als
eine Instanz über der die gesammte Bürgerschaft in sich
schliessenden Ekklesie; sie bilden die Körperschaft, welche
allein im Stande ist eine Alterirung des bestehenden Rechtes
zu vollziehen, sei es dass es sich um Schöpfung neuen Rechtes
durch Erlass von Gesetzen handelt, sei es dass das bestehende
vollständig oder partiell durch Bürgerrechtserteilung oder Vertrag auf neue Individuen ausgedehnt werden soll. Ausdrücklich ist der Grundsatz festgestellt dass über einen von ihnen
entschiedenen Gegenstand nicht nochmals verhandelt werden
dürfe und dadurch jedem ihrer Sprüche die absolute Giltigkeit
gesichert. Es ist eine wohlgegliederte Stufenfolge der Organe,
welche die Souveränetät des Volkes darzustellen im Stande sind:
die gewöhnliche Ekklesie, die Ekklesie mit sechstausend notwendigen Stimmen, die Gerichte. Die laufenden Regierungsgeschäfte kann die erste, nach Zahl und Zusammensetzung dem
Zufall anheimgegebene Darstellung des Volkes erledigen; um
eine einmalige Abweichung von dem bestehenden Rechte zu
befinden, muss das Volk mindestens durch sechstausend seiner
Genossen vertreten sein; das bestehende Recht dauernd und
allgemein verbindlich abzuändern sind nur die Heliasten befugt. Indem die athenische Verfassung die Unreifen und Un-
erfahrenen von jeder entscheidenden Mitwirkung bei der Aenderung des giltigen Rechtszustandes unbedingt ausschliesst,
beweist sie eine Mässigung, welche nötigen sollte die Vorstellung von ihrer Zügellosigkeit gänzlich aufzugeben: da
sie Demokratie ist, bildet die Souveränetät des Volkes ihren
notwendigen Grundgedanken; aber nicht die zusammengelau-
fene Menge der Ekklesie, in welcher Burschen von zwanzig

Jahren mitstimmen konnten, wenn ihnen auch das Mitreden
von der guten Sitte verboten war, war diese Souveränetät
vollkommen darzustellen geeignet, sondern eine allein aus den
reifen und erfahrenen Männern zusammengesetzte Körperschaft.
Es ist ein wahrhaft genialer Gedanke das demokratische Princip
rein und klar zum Ausdruck zu bringen durch die Setzung der
unbedingten Volkssouveränetät und dennoch ein conservatives
Gegengewicht herzustellen durch die Anordnung, dass je nach
der Natur der zur Entscheidung stehenden Angelegenheit verschiedene Abstufungen der Bürgerschaft als befugt erklärt werden den Willen der Gesammtheit auszusprechen. Fragt man, wie
die Bestimmung über Krieg und Frieden der Ekklesie überlassen
bleiben konnte, ohne dass selbst das Minimum der Beteiligung
festgesetzt war, so scheint uns gerade darin ein Beweis zu
liegen, mit welchem Grade staatsmännischer Einsicht die
Schöpfer dieser athenischen Verfassung die Consequenzen des
einmal angenommenen Grundprincipes, nach welchem die Darstellung der Souveränetät erfolgen solle, zu ziehen gewusst
haben: die Bestimmung über Krieg und Frieden ist ein Re-
gierungsgeschäft, wenn auch bei weitem das wichtigste, das
innerhalb der bestehenden Ordnung des Staates zu erledigen
ist; sie kann in ihren Folgen wol den Bestand des Staates, aber
nicht seinen Rechtszustand alteriren. Zudem mochte der Gesetzgeber mit Recht der Ueberzeugung sein, dass in Krisen
des Staatslebens, welche zu kriegerischer Lösung drängen,
sich an der entscheidenden Abstimmung alle berechtigten
Elemente, soweit es möglich war, von selbst beteiligen
würden. —

In den Institutionen, die wir betrachtet haben, ist die Vorstellung, dass die Heliasten das gesammte Volk repräsentiren,
deutlich genug ausgeprägt; sie liegt auch in der Bezeichnung
ihrer constituirten Körperschaft als Ἡλιαία, welches Wort,
von demselben Stamme abgeleitet wie ἁλής und ἁλίζω, zu-

nächst nichts bedeutet wie 'Volksversammlung' ¹). Die kür-
zere Form *ἁλία* steht in dem Sinne von 'Versammlung' in
dem angeblichen Briefe des Periander an die sieben Weisen
bei Diogenes Laertius I 7 ²). Sie findet sich mehrfach als
officielle Bezeichnung der Ekklesie in Staaten dorischer Zunge:
in Tarent nach der Glosse des Hesychius: *ἁλία· ἐκκλησία Τα-
ϱαντῖνοι*, wo *ἁλιαία* überliefert, durch die alphabetische Folge
aber, wie Moriz Schmidt gesehen hat, *ἁλία* gefordert ist; in Kor-
kyra nach den Inschriften *Corp. Inscr. Graec.* no. 1841—1844
(*ἔδοξε τᾷ ἁλίᾳ*). In Gela und Akragas heisst *ἁλίασμα* 'Beschluss' schlechthin, *ἁλία* 'Volksversammlung': *C. I. Gr.* 5475
*βουλᾶς ἁλίασμα . . . ἔδοξε τᾷ ἁλίᾳ καϑὰ καὶ τᾷ βουλᾷ . . .
καλῶς οὖν ἔχον ἐστὶ στεφανῶσαι ἐν τᾷ ἁλίᾳ τὸν γυμνασίαρχον
Ἡρακλείδην Ζωπύρου* und 5491 *ἁλίασμα . . . ὑπὲρ προξενίας
Δημητρίῳ Διοδότου Συρακοσίῳ.. ἔδοξε τᾷ ἁλίᾳ καϑὰ καὶ τᾷ
συνκλήτῳ*. 'Volksversammlung' bedeutet *ἁλίη* auch bei Herodot: 1,125 *ὁ Κῦρος ἐφρόντιζε, ὅτεῳ τρόπῳ σοφωτάτῳ
Πέρσας ἀναπείσει ἀπίστασϑαι . . ., ἁλίην τῶν Περσῶν ἐποιή-
σατο.* 5,79 *ἀπελϑόντων ὦν τῶν ϑεοπρόπων ἐξέφερον τὸ
χρηστήριον ἁλίην ποιησάμενοι.* 7,134 *συμφορῇ χρεομένων Λακε-
δαιμονίων ἁλίης τε πολλάκις συλλεγομένης καὶ κήρυγμα τοιόνδε
ποιευμένων κτλ.* (auch 5,29). Demnach ist die Bedeutung von
ἡλιαία als 'richterliche Körperschaft' aus der Bezeichnung der
Volksversammlung abgeleitet, eine nicht blos in Athen voll-
zogene Umbildung des Wortes: in Argos hiess die Gerichtsstätte
ἁλιαία ³) und in Arkadien finden wir *ἁλιασταί* als eine richterliche Behörde in der am besten von Adolf Michaelis in

---

¹) Vgl. Georg Curtius, Griechische Etymologie S. 484, wo *ἁλία ἡλιαία
ἀελλής ἁλής ἅλις* als verwandt zusammengestellt werden mit *εἴλω εἴλλω εἰλέω*,
‚dränge, schliesse ein', *εἰλαρ* ‚Umhegung', *οὐλαμός* ‚Gedränge', *εἴλη ἴλη ὅμιλος*
‚Schaar, Haufe', *ἀολλέες* ‚zusammengedrängt'.

²) *πεύϑομαι ὡς πέρυτι ἐγένετο ὑμῶν ἁλία παρὰ τὸν Λυδὸν ἐς Σάρδεις.*

³) Euripides Orestes 871:

Fleckeisens Jahrbüchern für Philologie 1861 S. 586 oder bei Lebas-Waddington II 340e herausgegebenen tegeatischen Inschrift, welche Bauverordnungen enthält, Zeile 24: εἰ δὲ μή, ὀφλέτω ἕκαστος πεντήκοντα δαρχμάς, ἐπελασάσϑων δὲ οἱ ἁλιασταί [1]). Sehr beachtenswert ist es, dass dem vor einem Gerichtshofe sprechenden Redner sich sogar für diesen Bruchteil der Heliasten die Vorstellung unterschiebt, als stünde er vor einer Versammlung der Volksgemeinde. So lässt Demosthenes in der Rede gegen Boiotos (40), 34 seinen Clienten sagen: „als ihr mich zum Taxiarchen erwählt hattet"; so in der Meidiana (21), 171: „ihr habt diesen zum Schatzmeister der Paralos gewählt ... und dann zum Reiterführer und zum Mysterienaufseher und zum Opferherrn und zum Käufer des Opferviehes und zu dergleichen

---

> ὁρῶ δ᾽ὄχλον στείχοντα καὶ ϑάσσοντ᾽ ἄκραν,
> οὗ ᾿φασι πρῶτον Δαναὸν Αἰγύπτῳ δίκας
> διδόντ᾽ ἀϑροῖσαι λαὸν εἰς κοινὰς ἕδρας.

Dazu im Scholion λέγεται δέ τις ἐν Ἄργει πρῶν, ὅπου δικάζουσιν Ἀργεῖοι. Vgl. Wachsmuth, Die Stadt Athen im Alterth. I S. 496 Anm.

[1]) In Z. 27 bewilligen die tegeatischen Heliasten eine Rechtsexemtion. — In den Rittern des Aristophanes 797 behauptet der Paphlagonier, dass er den Frieden mit Sparta nur verhindert habe, um die Orakelsprüche in Erfüllung zu bringen, nach welchen das Volk von Athen, wenn es ausharre, noch einmal für fünf Obolen täglichen Soldes in Arkadien das Heliastenamt ausüben werde:

> Ἵνα γ᾽ Ἑλλήνων ἄρξῃ πάντων· ἔστι γὰρ ἐν τοῖς λογίοισιν,
> ὡς τοῦτον δεῖ ποτ᾽ ἐν Ἀρκαδίᾳ πεντωβόλου ἡλιάσασϑαι,
> ἢν ἀναμίνῃ.

Der Wursthändler überbietet dies hinterher noch (V. 1088), indem er dem Volke Orakel vorschwindelt, nach welchen es sogar in Ekbatana, Leckereien naschend, richten werde. Jene Stelle erhält erst ihre rechte Pointe, wenn wir uns erinnern dass nach dem oben angeführten Zeugnisse in Arkadien unter der gleichen Bezeichnung wie in Athen Volksgerichte bestanden haben. Dass dort der Sold wirklich fünf Obolen betrug, ist nach den Versen des Aristophanes nicht notwendig anzunehmen; möglich aber ist es dass er höher war als der attische. Kleon will das Volk mit der Aussicht ködern dass es nächstens den Peloponnes erobern und dann an der Herrlichkeit auch des arkadischen Heliastentums teilnehmen werde.

Aemtern mehr." In Hypereides' Rede für Lykophron XIII
26 heisst es „denn ihr, Richter, habt mich zuerst zum Haupt-
mann gewählt, dann zum Reiterführer in Lemnos," wo es
höchst charakteristisch ist, dass der Sprecher, trotzdem er die
Anrede ὦ ἄνδρες δικασταί anwendet, dennoch das ganze Volk
vor sich zu haben glaubt; ähnlich geht es Demosthenes in
der Rede von der Truggesandtschaft (19), 4 „sehet für Euch
selbst zu, ihr Richter, und bedenket, worüber es der Stadt
zukommt von einem Gesandten Rechenschaft zu fordern: erstens
über das was er berichtet hat, dann wozu er rät, drittens
was ihr ihm aufgetragen habt." Der als Chorege seiner
Phyle gemisshandelte Demosthenes sagt (21, 126): „nicht ich
allein bin beleidigt, sondern durch die an dem Chor geübte
Unbill ist die Phyle, der zehnte Teil von Euch, mit-
beleidigt," genau wie Aischines (gegen Ktesiphon 4) die Phyle
„den zehnten Teil der Stadt" nennt. — In dieser unbewusst
unterlaufenden Sprechweise ist besser als es in einem formulirten Ausspruch möglich wäre bezeugt, wie lebendig den
Athenern die Vorstellung war dass die Heliasten die Volksgemeinde selbst repräsentiren, und wenn der einzelne Gerichtshof sogar ausreicht um sie hervorzurufen, so erinnern wir uns
der schon oben angeführten Worte des Demosthenes, dass es
für die Stellung der Richter gleichgiltig sei, ob sie zu zwei-
hunderten oder tausenden oder in welcher Anzahl immer zu-
sammenträten (Dem. 21, 223). Es ist geleugnet worden, dass
in Athen das Wort ἡλιαία jemals 'Volksversammlung' bedeutet habe; man wird aber zugeben müssen, dass die Begriffe den Athenern noch im vierten Jahrhundert auf das
engste verwandt waren und sich unwillkürlich einander unter-
schoben: wie in den beigebrachten Beispielen das Gericht als
die Ekklesie angeredet wird, so spricht Aischines gegen
Timarch 86 von der „Ekklesie und den anderen Dikasterien".
Aristoteles bezeugt mehrfach dass der allen Bürgern gewährte

Anteil an der Rechtsprechung als ein notwendiges Kriterion der Volksherrschaft angesehen und unmittelbar mit dem Anteil an der Ekklesie zusammengestellt wurde (vgl. oben S. 21 f.). Das Gleiche liesse sich sonst vielfach belegen; es genüge noch auf Lysias zu verweisen: als das Wesen der nach der Vertreibung der Dreissig durch die gewährte Rechtsgleichheit herbeigeführten Versöhnung der Bürgerschaft bezeichnet er die Zulassung der Parteigänger Spartas zu den Gerichten und der Ekklesie [1]). Deutlich spricht für die staatsrechtliche Identität der Heliaia mit der Volksgemeinde auch die Tatsache, dass von dem im Auftrage des Staates gefällten Spruche eines Demos nicht an die Ekklesie, sondern an das Gericht appellirt wird [2]): über einem Bezirk des Volkes kann nur eine als Darstellung der Gesammtheit desselben angesehene Körperschaft als letzte Berufungsinstanz stehen.

Wir haben die Erörterung bis zu dem Punkte geführt, wo es geboten erscheint der Frage nach der Entstehung und Ausbildung der attischen Volksgerichtsbarkeit nahe zu treten. Jedermann weiss, wie lebhaft die Controversen hierüber im Anschluss an die Ausführungen George Grotes in seiner griechischen Geschichte und an die Bestreitung derselben durch Schoemann [3]) geführt worden sind. Uns erscheint es nutzlos auf die verschiedenen Ansichten, die bald mehr vermittelnden bald mehr radicalen Charakters aufgestellt worden sind, polemisch einzugehen: wird anerkannt dass die Grundlage des Streites, die Vorstellung von der späteren Organisa-

---

[1]) Lysias 26, 2 οὐ μόνον τῆς ἐλευθερίας αὐτοῖς, ἀλλὰ καὶ τοῦ δικάζειν καὶ τοῦ ἐκκλησιάζειν περὶ τῶν κοινῶν μετέδοτε.

[2]) Demosth. 57, 6.

[3]) Die Verfassungsgeschichte Athens nach G. Grotes history of Greece kritisch geprüft (Leipzig 1854).

tion des Heliasteninstitutes und von seiner Bedeutung für das
Staatswesen, irrig oder nicht scharf genug war, so ergiebt
sich von selbst ein ganz neuer Standpunkt für die Behandlung einer Frage, die nur durch Rückschlüsse aus den für
uns sicher erkennbaren Einrichtungen einer späteren Zeit zu
lösen ist. Mit Solchen aber, welche von dem Gange, den die
Ausbildung der attischen Verfassung genommen hat, und von
dem Werte unserer Quellen eine von der unsrigen grundsätzlich verschiedene Auffassung haben, eine Einigung herbeiführ-
ren zu wollen wäre ein ganz aussichtsloser Versuch; es sei
uns daher gestattet die eigene Ansicht so kurz als es uns
möglich ist einfach vorzutragen.

 Wenn bei den Athenern und zwar schon bei den Rednern
des vierten Jahrhunderts die Vorstellung fest war dass Solon
ihnen die Institutionen, welche man als die Palladien der
demokratischen Staatsverfassung ansah, sofort vollkommen
und fertig hingestellt habe, so bezeugen sie damit nur einmal
mehr dass sie für die nüchterne historische Wahrheit wenig
Sinn gehabt haben, am wenigsten aber für historische Entwickelung. Ihre Auffassung der eigenen Vergangenheit war
eine durchaus naive: wie das hellenische Volk durchgängig
das Bedürfniss hat in lebendige und persönliche, mit aller
Mannigfaltigkeit von Individualitäten ausgestattete Gestalten
seine Vorstellungen von der Ordnung und Erhaltung der Welt,
von allen wahrgenommenen natürlichen und psychischen Vor-
gängen umzusetzen; wie die Besiedelung der Landschaften,
die Gründung der Staaten und Städte, die Einteilung der
Landesgenossen zu politischen Bezirken an bestimmte heroi-
sirte Persönlichkeiten angeschlossen wird, so ist der gleiche
Trieb der Sagenbildung geschäftig die Staatseinrichtungen auf
einen Urheber zurückzuführen und durch den Glanz eines
immer mehr von der Mythe umkleideten Namens den ganzen
Organismus der heimischen Institutionen zu adeln. In Athen

konnten nach der Vorstellung des Volkes die Einrichtungen
des Staatswesens nur auf den Mann zurückgehen, von dessen
unvergleichlich grosser und segensreicher Wirksamkeit aus
alter Zeit eine lebendige Erinnerung herüberklang: worin die
Rechtsordnung des Solon bestand, im Einzelnen zu ermitteln
hätte man nicht vermocht, selbst wenn man es gewollt hätte;
denn erst mit den Schülern des Isokrates und mit Aristoteles
hat die historische Wissenschaft auch der inneren Geschichte
ihre Forschung zugewandt und selbst nur die Möglichkeit
einer genaueren Kenntniss an die Hand gegeben. Uns liegt
es ob die Trümmer unserer Ueberlieferung zu prüfen, in wie
weit sie unter der Trübung durch die vulgäre, innerlich unmögliche Vorstellung noch das wahre Bild erkennen lässt und
unsre Richtschnur bei dieser Prüfung muss der uns durch
die Ermitelungen der historischen Wissenschaft geschaffene
Begriff von den natürlichen Gesetzen der Entwickelung von
Staatsorganismen bilden.

Solon hat in seiner Verfassung wol eine Einschränkung
der Adelsherrschaft eintreten lassen, aber er war weit entfernt
die Volkssouveränetät an deren Stelle zu setzen. Timokra-
tische Gliederung gab seinem Staate eine durchaus conservative
Grundlage: zu dem wichtigsten Amte, dem der Archonten,
hatte nur die oberste Steuerklasse der Pentakosiomedimnen
Zutritt, deren Mitglieder mit den Häuptern der Adelsgeschlechter
damals im Wesentlichen identisch sein mussten; aus den drei
obersten Steuerklassen wurde der Rat der Vierhundert gewählt; die unterste, die der Theten hatte kein politisches
Recht ausser der Teilnahme an der Ekklesie und Gerichtsbarkeit. Dies berichtet Plutarch im Leben des Solon Capitel 18
mit folgenden Worten: οἱ δὲ λοιποὶ πάντες ἐκαλοῦντο θῆτες,
οἷς οὐδεμίαν ἄρχειν ἔδωκεν ἀρχήν, ἀλλὰ τοῦ συνεκκλησιάζειν
καὶ δικάζειν μόνον μετεῖχον· τῆς πολιτείας. ὃ κατ' ἀρχὰς μὲν
οὐδέν, ὕστερον δὲ παμμέγεθες ἐφάνη· τὰ γὰρ πλεῖστα τῶν

διαφόρων ἐνέπιπτεν εἰς τοὺς δικαστάς, καὶ γὰρ ὅσα ταῖς ἀρχαῖς ἔταξε κρίνειν, ὁμοίως καὶ περὶ ἐκείνων εἰς τὸ δικαστήριον ἐφέσεις ἔδωκε τοῖς βουλομένοις. Es ist hier nicht gesagt dass Solon schon die Heliasten in der späteren Weise orga- nisirt habe: nach Plutarch hätte er den Beamten die Recht- sprechung teilweise vorbehalten, zum andern Teil sei sie auf die Gerichte übergegangen, doch habe man in allen Fällen auch von dem Spruche Jener an diese appelliren können. Dass derselbe Solon, der in den allgemein bekannten Versen selbst von sich aussagt, er habe dem Volke nicht mehr Macht eingeräumt als notwendig sei, nicht ihm entziehend noch auch zulegend an Ehrenrechten, dass Solon die Volksgemeinde mit Einschluss der sonst zur Ausübung eines jeden öffentlichen Mandates unfähig erklärten Theten zu regelmässiger richter- licher Tätigkeit herangezogen habe, scheint uns ganz unmög- lich: es wäre das Phänomen eines, wie seine Gedichte zeigen, mit reflectirender und bewusster Absicht nach bestimmten Grundsätzen vorgehenden Staatsmannes, der diesen Grund- sätzen in dem wichtigsten Punkte entgegenhandelt. Die Ge- währung einer umfassenden Jurisdiction hätte dem Volke mehr gegeben als mit dem Begriffe seines *ὅσσον ἐπαρκεῖ* zu vereinigen ist; das aber ist völlig glaubhaft, dass er in be- stimmten Fällen der versammelten Volksgemeinde das Recht eingeräumt hat den von ihrem Beamten gefällten Spruch zu verwerfen. Solon hat die Macht der Vornehmen und Reichen so weit einschränken wollen, dass die Menge vor Vergewalti- gung und Ausbeutung durch dieselbe geschützt wäre, er hatte es sich zur Aufgabe gemacht die materielle Not des Volkes zu lindern: dies zeigt deutlich der von ihm angeordnete Schul- denerlass und sein Verbot den eigenen Leib als Hypothek zu setzen, wodurch er die Möglichkeit aufhob dass der frei ge- borene Bürger Sklave seines Gläubigers werde; stolz ruft er die Erde zum Zeugniss an, dass er sie von den Schuldpfählen,

die in ihr hafteten, befreit und den verschuldeten im Elend
umherirrenden Bürgern die Rückkehr bereitet habe. Die Garantie dass die bis dahin übermässig bevorrechtete Klasse der
Bürgerschaft im Einzelnen nach den sie einschränkenden Gesetzen verfahren würde, konnte er unmöglich in dem guten
Willen der an ihren Privilegien Gekränkten suchen: er musste
der Volksgemeinde ein Veto gegen den Spruch des Beamten
verstatten, der gegen das ihr gewährte Grundgesetz verstiess.
Zur weiteren Sicherung der Rechte des Volkes zwang er die
Beamten diesem nach Ablauf des Mandates öffentlich Rechenschaft zu legen, wobei wir annehmen müssen dass dem Volke
die Erhebung einer Anklage freistand, deren Entscheidung
dem von Solon reformirten Areopag zukam. Aus Plutarchs
Worten spricht noch unverkennbar das Bewusstsein von einer
allmäligen Entwickelung und Ausdehnung der Volksgerichtsbarkeit; er oder schon seine Quelle ist in sichtbarer Verlegenheit,
wie die Kenntniss von der erst nach und nach wachsenden
Bedeutung derselben mit der fest gewurzelten Anschauung in
Einklang gebracht werden könne, dass Solon sie schon im Sinne
der späteren Zeit eingesetzt habe. Welchen Gang diese Entwickelung genommen hat, davon scheint sich in den Artikel
ἄρχων des Suidas eine Spur der wahren Einsicht hineingerettet
zu haben: κύριοί τε ἦσαν (οἱ ἄρχοντες) ὥστε τὰς δίκας αὐτο-
τελεῖς ποιεῖσθαι· ὕστερον δὲ Σόλωνος οὐδὲν ἕτερον αὐτοῖς ἐτε-
λεῖτο ἢ μόνον ἀνακρίνουσι τοὺς ἀντιδίκους[1]). Vor Solon waren
die Archonten zur endgiltigen Rechtsentscheidung befugt; dass
dieser ihnen aber plötzlich jeden Einfluss auf dieselbe genommen und allein die formale Leitung der Verhandlung und das
Verhör der Parteien gelassen habe, wie es in der ausgebildeten Demokratie der Fall war, wäre ein undenkbarer Sprung:
trotz der richtigen Bezeichnung des vor Solon bestehenden Zu-

---

[1]) Ebenso Bekker Anecdota I p. 449, 23.

standes wird die letzte Entwickelung der Institution, deren
ersten Keim er eingesetzt hat, gleich in den ersten Anfang
hineinverlegt.

Es stände besser um uns, wenn uns anstatt der bezüglichen Ausführungen im 12. Capitel des zweiten Buches der
aristotelischen Politik (p. 1273 b) wirklich die Resultate der
aristotelischen Forschung in unzweideutiger Gestalt erhalten
wären; denn dass jenes Stück ihm nicht angehöre, ist fast
allgemein anerkannt und die darin herrschende Unklarheit
und die Unbestimmtheit, von welcher sogar der Verfasser
selbst ein Bewusstsein hat, macht es uns unmöglich Gewinn
für unsre Erkenntniss aus demselben zu ziehen. Solon, heisst
es dort, sei „nach der Meinung Einiger“ ein trefflicher Gesetzgeber gewesen, da er die zu unbeschränkte Oligarchie aufgehoben und die Demokratie in einer wohl gemischten Staatsordnung hergestellt habe: der Rat auf dem Areopag sei das
oligarchische, die Bestellung der Beamten durch Wahl das aristo-
kratische, die Gerichte das demokratische Element derselben
gewesen. Die ersteren beiden Einrichtungen „scheint er“ vor-
gefunden, die Demokratie aber, indem er die Besetzung der
Gerichte aus Allen einrichtete, erst begründet zu haben. Manche
hätten ihn getadelt, dass er das geloosle Gericht über alle
Gegenstände competent gemacht und dadurch das conservative
Staatsprincip aufgelöst habe. Denn „da das Gericht in Macht
stand ($\epsilon\pi\epsilon\grave{\iota}$ $\gamma\grave{\alpha}\varrho$ $\tau o\tilde{\upsilon}\tau$ $\check{\iota}\sigma\chi\upsilon\epsilon\nu$), hat man, wie einem Tyrannen
dem Volke zu Gefallen handelnd, die Verfassung in die jetzt
bestehende Demokratie umgewandelt: den Areopag haben
Ephialtes und Perikles eingeschränkt, der letztere den Gerichten
Sold gewährt und auf solche Weise hat jeder der Demagogen
die Verfassung auf dem Wege zur heutigen Demokratie weiter-
geführt“. Das hat aber nicht in der Absicht des Solon ge-
legen sondern ist mehr durch die Umstände eingetreten: da
dem Demos durch den von ihm erkämpften Sieg von Salamis

der Kamm geschwollen war, hat er sich „elende" Demagogen
angenommen, die den angesehenen Männern entgegen arbei-
teten, Solon „scheint" dem Volke nur die notwendigste Macht
eingeräumt zu haben: die Wahl und Rechenschaftsabnahme der
Beamten. — Die Klarheit dieser Ausführungen wird dadurch ge-
kennzeichnet dass die Machtstellung der Volksgerichte als die
Ursache, nicht als die Folge der Herrschaft des demokratischen
Staatsprincipes angesehen und dass dem Solon in einem Athem
die Einsetzung der über alle Dinge competenten Gerichte,
welche aus dem ganzen Volke entnommen worden seien, zuge-
schrieben wird und die Absicht dem letzteren nur die notwendigste Macht einzuräumen; das wiederholte „es scheint" zeigt,
wie wenig der Verfasser seine eigene Kenntniss für zuverlässig
angesehen hat. In einer echten Erörterung des Aristoteles
unterscheidet der Philosoph zwischen den für liberale Be-
schäftigung Geeigneten (ἐλεύθεροι) und der grossen Menge
und untersucht, welche staatlichen Rechte der letzteren notwendig einzuräumen seien (Politik III 11, p. 1281 b): es sei nicht
ratsam ihr zu den Aemtern Zutritt zu geben, aber auch sehr
bedenklich sie fern zu halten, „es bleibt also der Ausweg,
dass sie am Raten und Entscheiden Anteil erhält. Daher haben
auch Solon und einige andere Gesetzgeber die Menge zur Wahl
und Rechenschaftsabnahme der Beamten bestellt, ohne sie ein
einzelnes Amt verwalten zu lassen". Hier ist als Trägerin der
von Solon dem Volke zugewiesenen Befugniss nur die Ekklesie
bezeichnet und von einer besonderen „Bestellung der Richter
aus Allen" keine Rede. Auch in dem trüben Spiegel der unter-
geschobenen Stelle ist noch das Bewusstsein von einer
allmäligen Ausbildung der demokratischen Institutionen und
die Einsicht zu erkennen, dass Solon nicht die Demokratie
einsetzen wollte. Wäre in seiner Gesetzgebung der Gedanke
der Volksherrschaft wirksam geworden, so hätte nicht noch
34 Jahre nach derselben dem Peisistratos die Begründung

einer Alleinherrschaft gelingen können, die ein halbes Jahrhundert hindurch Bestand hatte.

Mustern wir die Entwickelung der attischen Verfassung, so ergiebt sich eine Stelle, an welcher wir nothwendig eine Ausdehnung der Befugniss des Volkes in Bezug auf die Jurisdiction annehmen müssen: die Reformen des Kleisthenes. Nicht Solon sondern Kleisthenes ist der Begründer der attischen Demokratie: er hat den Einfluss der Geschlechter für immer durch eine radikale Maassregel gebrochen, durch eine neue Einteilung der Bürgerschaft nach einem lediglich politischen Gesichtspunkte. Geflissentlich wurden die kleineren Gemeinschaften, die Demen, unabhängig von ihrer Lage zu räumlich nicht zusammenhängenden Stimmbezirken, zu Phylen, vereinigt und überdies konnte ganz unbeschadet seiner Zugehörigkeit zu einem Demos Jedermann im ganzen Lande Attika seinen Wohnsitz nehmen wo es ihm beliebte. Den Geschlechtsverbänden bleibt danach nur noch eine politisch unwesentliche, rein religiöse und privatrechtliche Bedeutung. Als eine ausgleichende Maassregel hat er, um in jedem Falle die Ausschliessung ganzer Volksgruppen von der Staatsverwaltung durch Parteiterrorisirung unmöglich zu machen, für die Bestellung der Beamten die Loosung unter denen die sich gemeldet hatten eingeführt, so weit die Art der Functionen es zuliess; denn die Aemter, welche eine specifische Einsicht und besonderes Vertrauen erforderten, wie die militärischen und Schatzämter, sind immer durch Wahl besetzt worden. Es ist·mehr wie wahrscheinlich dass Kleisthenes, als er die Souveränetät des Demos zum Grundgesetz des Staates machte, der in der Ekklesie versammelten Volksgemeinde die Befugniss eingeräumt hat sich als Gerichtshof zu constituiren und den nicht anfechtbaren Spruch zu fällen. Er wird nicht wegen kleiner Civilstreitigkeiten die ganze Bürgerschaft bemüht haben, aber überall wo ein Bürger durch das Verbrechen das er zur

Anzeige bringen wollte, den Bestand der Gemeinde oder die
persönliche Sicherheit ihrer Angehörigen in besonderem Grade
gefährdet glaubte, wird auf seinen Antrag nach vorgängigem
Ratsschluss die Volksgemeinde zu befinden gehabt haben,
ob sie selbst die Entscheidung über Schuld und Busse treffen
wolle. Kleisthenes hat den Ostrakismos eingesetzt, er hat
also die Gemeinde zu einem Verdict aufgerufen, ob der weitere Aufenthalt eines Bürgers im Staate diesem Gefahr bringen
könne, übrigens wiederum eine Folgerung aus dem consequent
durchgeführten Grundgedanken die Macht des Einzelnen nicht
aufkommen zu lassen gegenüber den Privilegien des souveränen
Demos, ein legitimes Mittel eine drohende Auflehnung gegen
die von der Gemeinde gewollte Staatsordnung in ihrem ersten
Keime niederzuschlagen durch die Entfernung dessen, der sie
unternehmen könnte. Die Gemeinde hatte sich bei der Abstimmung über diese die politische Ehre des Betroffenen nicht
alterirende Verbannung nach den eben geschaffenen Phylen-
verbänden in einer Zahl von mindestens 6000 Bürgern zu ver-
sammeln und geheim ihre Stimme abzugeben: diese Ordnung
galt gewiss für die kleisthenische Volksversammlung überhaupt, wo sie über einen Einzelnen erkannte; denn sie ist
in der Folgezeit fest gewesen, wie wir an dem Beispiel
des Arginusenprocesses gezeigt zu haben glauben und an
einem zweiten Beispiel noch zeigen werden. Die Zahl
Sechstausend wird Kleisthenes nach Maassgabe des damaligen
wirklichen Bestandes der Gemeinde angesetzt haben: es sollte
eine Mehrheit der Bürgerschaft zu diesen Abstimmungen herangezogen werden, welche gross genug war um das Ergebniss
als den Willen der Gesammtheit erscheinen zu lassen und an-
drerseits musste die Zahl der notwendig Verhinderten und der
Indifferenten in Anschlag gebracht werden. — Nicht lange
nach Kleisthenes zog Aristeides die weitere Consequenz des
von jenem zur Geltung gebrachten demokratischen Staats-

principes: indem er die an den Census geknüpften Beschrän-
kungen aufhob, gewährte er jedem Bürger den gleichen Anspruch an Amt und Ehre; nur für die Schatzämter wurde
noch die Bedingung beibehalten dass das haftbare Vermögen
ihrer Inhaber dem Staate gegen Veruntreuung Garantie böte.

Einen Anteil an der Jurisdiction hat Kleisthenes der
Volksversammlung einräumen können, unmöglich aber konnte
damals irgend einer Körperschaft die spätere weit über die
Rechtsprechung hinausgehende Competenz der Gerichte übertragen werden. Es bestand der Rat auf dem Areopag mit
der vollen Befugniss, welche Solon ihm erteilt hatte „als Aufsichtsbehörde über den ganzen Staat und als Wächter der
Gesetze." Ohne Zweifel hat er die Beschlüsse der Volksversammlung, welche neue Rechtsbestimmungen trafen, revidiren
und cassiren können und die Bestätigung der vom Volke gewählten Beamten vollzogen: geringer können wir uns die
Competenz einer centralen Controlbehörde nicht vorstellen,
die so wichtig war dass man sie von der Landesgöttin selbst
eingesetzt glaubte, und die, wie Solon selbst sie als einen Anker
des Staates bezeichnet hatte, auch in der Erinnerung der
späteren Zeit als der wahre Hort und Halt des gesammten
Staatswesens fortlebte. Als ein Schatten des Rechtes der
Beamtenbestätigung wurde den Areopagiten die Prüfung der
Candidaten, die sich zum Eintritt in ihr eigenes Collegium
gemeldet hatten, noch vorbehalten, als sie sonst dieser Befugniss längst verlustig gegangen waren. Erst als um das Jahr
460 im Einverständniss mit Perikles Ephialtes dem Areopag
seine hervorragende Stellung nahm und von allen seinen
Machtvollkommenheiten nur die Gerichtsbarkeit in den gegen
das Leben gerichteten Verbrechen, welche durch den religiösen Glauben an die Behörde und ihre Amtsstätte geknüpft
war, und einige unwesentliche Ehrenrechte beliess, können
seine politisch wichtigen Befugnisse auf eine andere Körper-

schaft übergegangen sein. Man kann nicht zweifeln dass die Erniedrigung des Areopags mehr bedeutet hat als die Verschiebung einiger Functionen innerhalb der bestehenden Organe des Staates: wenn eine solche Erschütterung und Aufregung eintritt wie in Folge jener Reform sich der Bürgerschaft bemächtigte — ihren herrlich verklärten Nachhall hat uns die Gunst des Schicksals in der Tragödie des Aischylos erhalten —, wenn die Erbitterung einer politischen Partei, da sie eine Maassregel zu hintertreiben ohnmächtig ist, wenigstens deren Urheber durch Meuchelmord beseitigt, dann ist das politische Princip, welches jene Partei mit leidenschaftlichem Eifer vertreten hat, in seinem innersten Marke getroffen worden. Die Stellung des Areopags war von dem Grundsatze aus geordnet worden dass jedes Staatswesen des consolidirenden und conservativen Elements bedürfe, das gegen Ausschreitungen und Ueberstürzungen Sicherheit gewährt: die Berechtigung dieses Grundsatzes besonders für eine Verfassung, nach welcher die von zufälligen Strömungen abhängige Versammlung der Volksmenge über wichtige Regierungsgeschäfte berät, hat auch von den grossen demokratischen Staatsmännern Athens nicht verkannt werden können. Deshalb hat der Gründer der Demokratie Kleisthenes dem conservativen Elemente des Staatsorganismus, dem Areopag, seine mächtige Stellung gelassen und auch Perikles hat das Princip anerkannt, aber er hat den Weg gefunden es zu verwirklichen, ohne dass eine Körperschaft, die abweichend von dem allgemein für die Bestellung der Behörden und für ihre Bedeutung der Gemeinde gegenüber angenommenen Grundsatze constituirt ist, reactionäre Tendenzen in das Staatsleben hineintragen kann. In wahrhaft genialer Weise hat er die notwendige über der Ekklesie stehende Revisionsinstanz dadurch gewonnen dass er die Competenz der dafür eingesetzten besonderen Behörde vernichtete und, das Princip der Volkssouveränetät wahrend, aus den reifen Männern eine

5 *

zweite Volksversammlung bildete, als deren Aufsichtsbehörde
die sechs Thesmotheten bestellt wurden. Auf diesen engeren
Ausschuss des Volkes wurde allmälig die Bezeichnung 'Heliaia'
allein angewendet, indem er zunächst noch zur Unterscheidung
von der alle Bürger umfassenden Versammlung, die bald ausschliesslich Ekklesie genannt wurde, den Namen 'Heliaia der
Thesmotheten' führte. Diese engere Volksversammlung der
reifen Männer constituirte sich nach der Analogie der weiteren
unter einem eigenen, vermutlich durch das Loos bestellten Vor-
stande: jetzt können wir eine derartige ständige Organisation
der Heliasten in ihrer Function als Nomotheten noch im
vierten Jahrhundert nachweisen, und da sie ausdrücklich als
eine Ekklesie bezeichnet wird [1]), so können wir sicher annehmen, dass jeder Geschworene, d. h. jeder dazu bereite und
nicht anders vom Staate in Anspruch genommene Mann von
mehr als dreissig Jahren ihr angehörte. Dass vor Perikles das
von dieser heliastischen Versammlung oder ihren Commissionen
ausgeübte Gesetzgebungsrecht dem Areopag zukam, steht daher fest dass nach dem unantastbaren Zeugniss des Philochoros beim Sturze des Areopags die Norm des Gesetzer-
lasses neu geordnet wurde: Perikles setzte damals eine eigene
Behörde von sieben νομοφύλακες ein [2]), welche bald wieder
abgeschafft sein muss, da Zeugnisse ihrer Wirksamkeit nicht
übrig sind; ihre Function wird der später den Thesmotheten
zugewiesenen ähnlich gewesen sein, Widersprüche in der bestehenden Gesetzgebung zu verhindern, da Philochoros aus-

---

[1]) Photius Lexicon p. 302 Porson u. νομοθέται· καὶ ἐκκλησία τις
Ἀθήνησιν οὕτως ἐκαλεῖτο, ἢ τοὺς εἰσαγερομένους ἐδοκίμαζον νόμους. Bekker
Anecdota Gr. I 282 καὶ ἐκκλησία τις Ἀθήνησι νομοθέται καλεῖται, οἳ τοὺς
εἰσαγερομένους ἐδοκίμαζον νόμους καὶ δι' ὧν οἱ ἀσύμφοροι ἐλύοντο.

[2]) Philochoros Fragm. 141 b: νομοφύλακες ἕτεροί εἰσι τῶν θεσμοθετῶν, ὡς Φιλόχορος ἐν τῇ ζ ... τὰς δὲ ἀρχὰς ἠνάγκαζον τοῖς νόμοις
χρῆσθαι καὶ ἐν τῇ ἐκκλησίᾳ καὶ ἐν τῇ βουλῇ μετὰ τῶν προέδρων ἐκάθηντο,

drücklich das Missverständniss abgewehrt zu haben scheint, dass
sie mit den Thesmotheten identisch seien '). Entweder in einer
allgemeinen Versammlung oder in kleineren Commissionen
tagend, denen aber mit ihrer Constituirung die volle Autorität
der Gesammtheit übertragen war, übte seit Perikles die Heliaia die dem Areopag abgenommenen Rechte, so dass an
seiner Stelle nunmehr jene „die Aufsichtsbehörde über den
ganzen Staat und der Wächter der Gesetze" wurde. Sie voll-
zog jetzt unter der einzigen Controle der Oeffentlichkeit ihrer
Verhandlungen ') in letzter Instanz die Bestellung der Beamten und erkannte über die Amtsführung der ausscheidenden
nach vorgängigem Beschluss der Rechenschaftsbehörde, von
deren Existenz vor Perikles keine Spur ist; in ihren Händen
lag die Gesetzgebung und Ausgabenbewilligung, die Feststellung der abzuschliessenden Rechtsverträge und auf das
Belieben eines Bürgers die Bestimmung über jeden von der
Ekklesie beabsichtigten oder vollzogenen Akt. Dass der ge-
niale Gedanke, eine Controle über die Volksversammlung
durch diese selbst ausüben zu lassen, indem nur die Zulassung
eingeschränkt und an ein gewisses Lebensalter geknüpft wird,
dass der Gedanke, um eine Revisionsinstanz für Volksbeschlüsse
zu gewinnen, einfach die Alten über die Jungen, Verhör und

κωλύοντες τὰ ἀσύμφορα τῇ πόλει πράττειν. Ἑπτὰ δὲ ἦσαν· καὶ κατέστησαν,
ὡς Φιλόχορος, ὅτε Ἐφιάλτης μόνα κατέλιπε τῇ ἐξ Ἀρείου πάγου βουλῇ
τὰ ὑπὲρ τοῦ σώματος.

') Vgl. oben S. 25. — Der Unterschied von den Thesmotheten wird ausser
der in der vorigen Anmerkung mitgeteilten Stelle (Photius Porson App. p. 673)
auch sonst von den Grammatikern hervorgehoben: Harpokrat. u. νομοφύλακες,
Photius p. 302, 6.

') Aischines Von der Truggesandtschaft 5 εἰ γάρ τις ἢ τῶν ἔξωθεν περι-
εστηκότων πέπεισται (σχεδὸν δὲ οἱ πλεῖστοι τῶν πολιτῶν πάρεισιν) ἢ
τῶν δικαζόντων ὑμῶν. Plato Republ. 492 B. Demosth. 20, 165. 30, 32.
Auch Fremde hatten Zutritt (Aischin. G. Tim. 117. g. Ktesiph. 56); den Ein-
lass gaben öffentliche Sklaven (Plutarch Demosth. 5).

Zeugniss über die Debatte zu setzen, in e i n e m grossen Geiste
entsprungen sein muss, scheint uns an sich klar zu sein und
er kann nur dem Manne angehört haben, der für die von ihm
gestürzte Controlbehörde Ersatz zu schaffen verpflichtet war.
Es erscheint uns als eine Tatsache, die so sicher und unantastbar ist wie irgend eine der Geschichte, dass erst seit
der Erniedrigung des Areopags die Gerichte ihre über die
Jurisdiction hinausgehenden Befugnisse ausgeübt haben; dass
sie bei dieser Gelegenheit überhaupt erst formirt worden sind,
dafür spricht ausser dem allgemeinen Entwickelungsgange der
Verfassung der besondere Umstand dass selbst eine ganze
Zeit nach Perikles die später, im Zeitalter der Redner, so
fein ausgebildete juristische Terminologie wie die Praxis der
Verfahrungsarten nachweisbar noch nicht fest gewesen ist.
Wir sahen schon dass die später als δίκαι und γραφαί ge-
schiedene Gesammtheit der Rechtshändel im Vertrage mit
Chalkis unter dem Namen von εὔθυναι zusammengefasst ist,
welche Bezeichnung nachher für eine sehr bestimmt abgegrenzte
Gattung von Processen allein angewendet wurde; es waren also
nicht einmal die notwendigsten juristischen Termini fixirt.
Dass im fünften Jahrhundert die Ausübung der Jurisdiction
noch zwischen Volksversammlung und Gericht schwankte und
dass für das Eisangelien-Verfahren weder eine Norm seiner
Anwendbarkeit noch ein Terminus vorhanden war, hoffen wir
im Folgenden noch zu zeigen. In der eben angeführten Urkunde Z. 75 heisst die Gesammtheit der attischen Geschworenen
„Heliaia der Thesmotheten“, ein Ausdruck der dann nur noch
einmal bei Antiphon wiederkehrt [1]), bei Andokides heisst es

---

[1]) Antiphon Für den Choreuten 21 ἔλεξε μὲν γὰρ Φιλοκράτης οὑτοσὶ
ἀναβὰς εἰς τὴν ἡλιαίην τὴν τῶν θεσμοθετῶν ... ὅτι ἀδελφὸν αὐτοῦ ἀπο-
κτείναιμι ἐν τῷ χορῷ. Ueberliefert ist ἡλιακὴν τὴν τῶν θεσμοθετῶν; Taylors
an sich evidente Emendation ist jetzt durch die Inschrift bestätigt. Nach Sauppe
gehört die Rede in die Zeit unmittelbar nach der sicilischen Expedition.

ähnlich „das Gericht der Thesmotheten"[1]): jene ungefüge Bezeichnung scheint zu zeigen, dass die Ekklesie der reifen Männer unter der Leitung der Thesmotheten noch nicht lange constituirt war. Wer seit Solon ständige Gerichte annimmt, der erkläre, dass so lange Zeit hindurch eine ausgedehnte Praxis feststehende Normen und Bezeichnungen nicht hervorbrachte, während sie nach Perikles in verhältnissmässig kurzer Zeit ausgebildet worden sind. Ferner ist es undenkbar dass eine immerhin sehr grosse Menge der Bürger im Stande und gewillt gewesen wäre das ungemein zeitraubende Richteramt ohne Entschädigung zu übernehmen: erst Perikles aber hat die Besoldung eingeführt.

Wir haben angenommen dass die Jurisdiction vor Perikles eine Zeit lang vom versammelten Volke in der Ekklesie, sobald ein Bürger es beantragte, selbst ausgeübt worden ist. Eine starke Bestätigung dafür erblicken wir in dem Umstande dass die Volksgemeinde immer die Befugniss behielt, in einer allgemeinen Versammlung das Urteil zu fällen, sobald es sich um ein an ihr selbst begangenes Verbrechen handelt. Diesen auch nach Perikles der Ekklesie vorbehaltenen Rest von Gerichtsbarkeit ist es für unsere Aufgabe notwendig näher zu betrachten.

Das Verfahren, in welchem die Volksversammlung selbst entscheiden konnte, ist das der Eisangelien; die Fälle, in welchen es zulässig war, hatte ein eigenes Gesetz, der νόμος εἰσαγγελτικός, festgesetzt. Nach Hypereides tritt es ein, „wenn Jemand einen Versuch zur Auflösung der attischen Volks-

---

[1]) Andokides Mysterienrede 28 ἔδοξεν οὖν τῷ δήμῳ, ἐν τῷ τῶν θεσμοθετῶν δικαστηρίῳ τοὺς μεμυημένους, ἀκούσαντας τὰς μηνύσεις, ἃς ἕκαστος ἐμήνυσε, διαδικάσαι.

gemeinde macht oder sich an einer auf ihre Auflösung gerichteten Verschwörung beteiligt oder eine Faction stiftet oder wenn
Jemand irgend eine Stadt [d. h. eine den Athenern befreun-
dete und selbstverständlich die eigene] oder Schiffe oder Land-
und Seetruppen verrät oder als Redner Anträge stellt, die
wider das Beste des Volkes von Athen sind, da er von den
Feinden desselben durch Geld oder andere Geschenke bestochen ist" [1]), bei Theophrast waren als dem Eisangelienverfahren unterworfen auch diejenigen angeführt, „die sich
ohne Auftrag zu den Landesfeinden begeben und die ein Kastell
verraten haben" [2]), ferner die beim Feinde Kriegsdienste nehmen und sich von ihm beschenken lassen [3]), endlich werden
noch genannt „die dem Volke geleistete Versprechungen nicht
erfüllt haben" [4]). Der Eisangelie unterliegen demnach die
Fälle, die wir als Hochverrat bezeichnen würden, wie es bei

---

[1]) Hypereides f. Euxenippos XXII. XXIII. XXXIX.: ἐάν τις τὸν δῆμον
τὸν Ἀθηναίων καταλύῃ | ἢ συνίῃ ποι ἐπὶ καταλύσει τοῦ δήμου ἢ ἑταιρικὸν
συναγάγῃ, ἢ ἐάν τις πόλιν τινὰ προδῷ ἢ ναῦς ἢ πέζην ἢ ναυτικὴν στρατιάν, |
ἢ ῥήτωρ ὢν μὴ λέγῃ τὰ ἄριστα τῷ δήμῳ τῷ Ἀθηναίων χρήματα λαμβάνων
καὶ δωρεὰς παρὰ τῶν τἀναντία πραττόντων τῷ δήμῳ.

[2]) Pollux 8, 52.

[3]) Photius p. 667, 17 Pors.

[4]) (Demosth.) g. Timotheos (50), 67 νόμων ὄντων, ἐάν τις τὸν δῆμον
ὑπισχόμενος ἐξαπατήσῃ, εἰσαγγελίαν εἶναι περὶ αὐτοῦ, vgl. Demosth. 20, 135.
— Harpokration führt als zwei besondere Arten der Eisangelie die Klagen
wegen κακώσεις an und die wegen Unrechtfertigkeit eines öffentlichen Schieds-
richters. Die ersteren sind nach des Grammatikers eigenem Zeugniss und nach
Isaios 3, 62 bei dem Archonten d. h. dem späteren Eponymos einzubringen,
gehören also nicht in unsere Betrachtung. Isaios a. a. O. gebraucht für diese
Klageart den Ausdruck εἰσαγγέλλειν und bestätigt damit die Angabe des Harpokration, die wahrscheinlich aus ihm geflossen ist; die Gleichartigkeit mit den
eigentlichen Eisangelien beschränkt sich aber auf die Gefahrlosigkeit des Klägers
(Isaios 3, 46. Harpokrat.). — Ueber die Eisangelie der Diäteten lauten die
Worte des Grammatikers in der Ueberlieferung: ἄλλη δὲ εἰσαγγελία ἐστὶ
κατὰ τῶν διαιτητῶν· εἰ γάρ τις ὑπὸ διαιτητοῦ ἀδικηθείη, ἐξῆν αὐτὸν
εἰσαγγέλλειν πρὸς τοὺς δικαστάς, καὶ ἁλοὺς ἠτιμοῦτο (vergl. Bekker Anec-

Harpokration heisst die δημόσια ἀδικήματα. Die Anzeige konnte beim Rate oder zur Vermeidung jedes Aufschubs auch in einer gerade stattfindenden Volksversammlung eingebracht werden. Hielt der Rat, nachdem er auf Schuld erkannt hatte, die in seiner Competenz liegende Strafsumme von 500 Drachmen für hinreichend, so setzte er innerhalb derselben die Busse fest und der Verurteilte konnte an einen heliastischen

dota Gr. I 235, 24). Ein Beispiel dieses Verfahrens ist von Demosthenes in der Meidiana 86 ff. in einer nicht ohne weiteres verständlichen Weise erwähnt: (Μειδίας) φυλάξας τὴν τελευταίαν ἡμέραν τῶν διαιτητῶν, εἰς ἣν ὁ μὲν ἦλθε τῶν διαιτητῶν, ὁ δ᾽οὐκ ἦλθε, πείσας τὸν πρυτανεύοντα δοῦναι τὴν ψῆφον παρὰ πάντας τοὺς νόμους, κλητῆρα οὐδ᾽ ὁντινοῦν ἐπιγραψάμενος, κατηγορῶν ἔρημον, οὐδενὸς παρόντος, ἐκβάλλει καὶ ἀτιμοῖ τὸν διαιτητήν. Theodor Bergks Scharfsinn ist es gelungen diese Stelle und damit das Verfahren überzeugend zu erklären (Zeitschrift für Alterthumswissenschaft, VII 1849 S. 273 ff.): Die Diäteten bildeten eine unter dem Vorsitze von Prytanen constituirte Körperschaft, welche disciplinarische Gewalt gegen ihre Mitglieder ausübte; an bestimmten Tagen stattfindende Generalversammlungen nahmen Beschwerden (Eisangelien) wegen Amtsvergehen der Diäteten an und erkannten im Falle der Schuldigbefindung auf Ausstossung aus dem Collegium; dieses Verfahren hatte zugleich Atimie zur Folge. Bei Harpokration schreibt Bergk mit Recht πρὸς τοὺς διαιτητάς für πρὸς τοὺς δικαστάς. Diese Erklärung hat R. Schöll (De synegoris Atticis p. 15 f.) zwar sehr geringschätzig behandeln zu dürfen geglaubt, es ist ihm aber keineswegs gelungen Bergks gute Gründe zu entkräften und noch weniger eine bessere Erklärung beizubringen. Nach seiner Ansicht bezieht sich das bei Demosthenes angedeutete Verfahren auf die Euthyne der Diäteten, von welcher keine Spur aufzufinden ist und die gewiss so wenig wie bei den Heliasten existirt hat. Die Euthyne soll von vornherein vor einem Gerichtshof so verhandelt worden sein, dass Jedermann als Ankläger auftreten konnte und sofort der Spruch erfolgte: ohne Vorladung des Beklagten, ohne dass ihm Zeit gegeben war sich über den Tatbestand zu informiren und Material zu seiner Rechtfertigung herbeizuschaffen, soll das unwiderrufliche Urteil erfolgt sein: ein im attischen und jedem andern Rechte unerhörtes Verfahren. Die Worte φυλάξας τὴν τελευταίαν ἡμέραν τῶν διαιτητῶν sollen nach Schölls Meinung den letzten Tag der Euthyne der Diäteten bezeichnen; Bergks Anstoss an dem ἡμέρα εἰς ἣν ὁ μὲν ἦλθε κτλ. ist nicht beseitigt. Mit Unrecht stützt sich Schöll auf § 91: ἀλλ᾽ ἐπειδή γε ἠτίμωσεν ὃν ἐβουλήθη καὶ τοῦτ᾽ ἐχαρίσασθε αὐτῷ; denn diese Worte zeigen nur, dass der Spruch des Diätetencollegiums von einem

Gerichtshof appelliren; im andern Falle brachte der Rat die
Sache vor die Ekklesie und diese sprach sich entweder gegen
die Annahme der Klage aus, womit der Beschuldigte frei ge-
sprochen war, oder sie beschloss die Zulassung einer Verhandlung und hatte dann noch zu befinden, ob sie dieselbe selbst
führen oder einem heliastischen Gerichtshof überlassen wolle,
dessen Stärke sie zugleich bestimmt zu haben scheint: so
sollte er für die von Agoratos Denuncirten 2000 Mitglieder
zählen [1]), Pollux (8, 53) nennt die Zahlen 1000 und 1500.
Die Instruction hatten die Thesmotheten [2]); zur Vertretung
der Anklage vor Gericht erwählte die Volksversammlung
durch Cheirotonie Anwälte und bestimmte das Strafmaass,
das bei der Verurteilung eintreten sollte.   Eine Eisangelie
wurde also dann wie ein schätzbarer Process behandelt, in
welchem als die klägerische Partei der Demos selbst zu betrachten ist. Der Angeber lief deshalb auch nicht die gleiche
Gefahr wie der Ankläger im gewöhnlichen Process: selbst
wenn er nicht den fünften Teil der Stimmen für sich gewann,
war er anfänglich ganz straffrei und erlitt in späterer Zeit
auch nur eine Busse von 1000 Drachmen, während er bei
andern Klagen in diesem Falle ausserdem in seinen Ehrenrechten
beschränkt wurde [3]). — Hochverrat ist als eine aussergewöhn-

---

heliastischen Gerichtshof bestätigt worden war: genau so hat der Rat das
Recht seine Mitglieder auszustossen, danach aber wird der Spruch des Gerichtes angerufen (Bekker Anecdota I 248, 7 ff. Aischines g. Timarch 111 f.),
ebenso der Areopag (Deinarch g. Demosth. 56 f.). Dass der Prytane die Diäteten οὐδενὸς παρόντος abstimmen lässt, ist nicht admodum ridiculum sondern
rednerische Uebertreibung von einer nicht vollzähligen Versammlung. Für die
ständige Organisation der Diäteten unter eigenem Vorsitz haben wir jetzt die
Analogie einer andern richterlichen Körperschaft, der Nomotheten.

[1]) Lysias 13, 35.
[2]) Harpokrat. u. εἰσαγγελία. Isokrates 15,237.
[3]) Theophrast bei Pollux 8, 53 und im Scholion zu Demosth. 22, 3; vgl.
Hypereides f. Lykophron 7. (Demosth.) 58, 6.

liche, unter die Gesetze nicht zu subsummirende Verschuldung
angesehen worden, in welcher man nur von Fall zu Fall die
Art der Behandlung und die verwirkte Strafe festsetzen kann:
übernimmt es die Ekklesie über ein solches ausserhalb des
allgemein zu normirenden Rechtes stehendes Verbrechen das
Urteil zu fällen, so bestimmt sie für einen speciellen Fall
eine besondere Rechtsnorm und muss sich daher wie bei jedem
andern Privilegium unter wenigstens 6000 Teilnehmern zu
geheimer Abstimmung phylenweise constituiren.

Das dargestellte Verfahren ist das ausgebildete der späteren Zeit; aber zum grossen Nachteil für unser historisches
Urteil ist übersehen worden dass es nicht von Anfang an
bestand. Die Auseinandersetzung über die Competenzen von
Ekklesie und Heliaia in Bezug auf Rechtsprechung ist erst
allmälig und nicht ohne Mühe erfolgt, ganz klar und unzweideutig geordnet war sie niemals. Das erstere erhellt aus dem
Vergleiche zweier in der Rede des Euryptolemos für die Feldherrn der Arginusenschlacht durch Xenophon erhaltener Zeugnisse. Kannonos hatte eine Bestimmung folgenden Wortlautes
durchgebracht: „wer sich an dem Volke von Athen vergeht,
soll gebunden in der Volksversammlung abgeurteilt und
wenn er schuldig befunden wird, in den Abgrund zu Tode ge-
stürzt werden, sein Vermögen aber werde eingezogen und der
Göttin der Zehnte überwiesen [1])“. Daneben bestand ein Gesetz
„über Tempelräuber und Verräter“, welches lautete: „wer entweder die Stadt verrät oder die Heiligtümer beraubt, soll im
Gerichte abgeurteilt werden und wenn gegen ihn erkannt ist,
soll ihm kein Begräbniss in attischer Erde gewährt, sein Ver-

---

[1]) Xenophon Hellenische Geschichte 1, 7, 20 ἴστε δέ, ὦ ἄνδρες Ἀθηναῖοι, πάντες ὅτι τὸ Καννωνοῦ ψήφισμά ἐστιν ἰσχυρότατον, ὃ κελεύει, ἐάν
τις τὸν τῶν Ἀθηναίων δῆμον ἀδικῇ, δεδεμένον ἀποδικεῖν ἐν τῷ δήμῳ,
καὶ ἐὰν καταγνωσθῇ ἀδικεῖν, ἀποθανεῖν εἰς τὸ βάραθρον ἐμβληθέντα, τὰ
δὲ χρήματα αὐτοῦ δημευθῆναι καὶ τῆς θεοῦ τὸ ἐπιδέκατον εἶναι.

mögen aber eingezogen werden ¹)". Während also die erste·
Bestimmung, ein blosses Psephisma, ganz allgemein bei Vergehungen gegen das Volk die Entscheidung der Ekklesie
überweist, setzt die zweite, ein Gesetz, für das schwerste
öffentliche Verbrechen, den Landesverrat, das Gericht als
die competente Instanz, also für einen Fall, der ohne allen
Zweifel später in den Kreis des νόμος εἰσαγγελτικός gehörte.
Im Jahre jenes Processes 406 hat also sicher eine die Anwendung des Verfahrens im Einzelnen bestimmende gesetzliche
Norm noch nicht existirt. Der Name εἰσαγγελία war freilich
schon für die bei Rat und Volk eingebrachten Klagen vorhanden: er findet sich in der von Sauppe etwa in das Jahr
412 gesetzten Rede Antiphons für den Choreuten 12: ἐτύγχανε
γάρ μοι πράγματα ὄντα πρὸς Ἀριστίωνα καὶ Φιλῖνον, ἃ ἐγὼ
περὶ πολλοῦ ἐποιούμην, ἐπειδήπερ εἰσήγγειλα, ὀρθῶς καὶ
δικαίως ἀποδεῖξαι τῇ βουλῇ καὶ τοῖς ἄλλοις Ἀθηναίοις, wo
es sich um eine Veruntreuung öffentlicher Gelder handelt (§ 35);
wiederholt ist die Bezeichnung auch angewendet von den
Anzeigen wegen des Mysterienfrevels und der Hermen-
verstümmelung unmittelbar vor der sicilischen Expedition ²).
Noch nicht als Terminus war sie vorhanden zur Zeit als die
Schrift vom Staate der Athener abgefasst wurde, nach
Kirchhoff ³) im Jahre 424, wie sich aus folgender Stelle derselben mit Sicherheit schliessen lässt: III, 5 διὰ χρόνου δὲ
δικάσαι δεῖ ἀστρατείας καὶ ἐάν τι ἄλλο ἐξαπιναῖον ἀδίκημα
γένηται, ἐάν τε ὑβρίσωσί τινες ἄηθες ὕβρισμα ἐάν τε ἀσεβή-
σωσι. Die Ausdrücke ἐξαπιναῖον ἀδίκημα und ἄηθες ὕβρισμα
bedeuten genau dasselbe wie diejenigen, durch welche in un-

---

¹) Ebenda 22: (νόμος,) ὅς ἐστιν ἐπὶ τοῖς ἱεροσύλοις καὶ προδόταις· ἐάν τις
τὴν πόλιν προδιδῷ ἢ τὰ ἱερὰ κλέπτῃ, κριθέντα ἐν δικαστηρίῳ, ἂν καταγνωσθῇ, μὴ ταφῆναι ἐν τῇ Ἀττικῇ, τὰ δὲ χρήματα αὐτοῦ δημόσια εἶναι.

²) Andokides Mysterienrede 14. 37. 43.

⁵) Abhandlungen der Berliner Akademie 1874 S. 1.

sern rhetorischen Wörterbüchern die unter das Eisangelienverfahren gehörigen Handlungen bezeichnet werden: bei Pollux
8, 51 ἡ δὲ εἰσαγγελία τέτακται ἐπὶ τῶν ἀγράφων δημοσίων
ἀδικημάτων ... περὶ ὧν οὐκ εἰσὶ νόμοι, Caecilius [1]) bei
Photius Porson p. 667,25 εἰσαγγελία ἐστὶν ὃ περὶ καινῶν
ἀδικημάτων δεδώκασιν ἀπενεγκεῖν οἱ νόμοι; ausführlicher ist
derselbe Begriff umschrieben bei Harpokration: εἰσαγγελία
δημοσίας τινὸς δίκης ὄνομά ἐστι ... ἐπὶ δημοσίοις ἀδικήμασι
μεγίστοις καὶ ἀναβολὴν μὴ ἐπιδεχομένοις καὶ ἐφ' οἷς μήτε ἀρχὴ
καθέστηκε μήτε νόμοι κεῖνται τοῖς ἄρχουσι, καθ' οὓς εἰσάξουσιν.
Wäre das Wort εἰσαγγελία schon in dem technischen Sinne
vorhanden gewesen, so hätte der Verfasser der genannten
Schrift schwerlich vermieden es zu gebrauchen.

Es war demnach der Name und die allgemeine Form des
Verfahrens eher vorhanden wie das Gesetz, das seine Anwendbarkeit festsetzte. Dies Wort εἰσαγγέλλειν sagt zunächst nichts
als 'denunciren' und der weitere Begriff des Angebens ist
dem Verbum auch in der juristischen Sprache später nicht
entzogen worden: Isaios 11, 15 nennt den Kläger in einer
Erbschaftsangelegenheit εἰσαγγέλλων, während er die Sache
als γραφή bezeichnet (§ 35), Lysias in der Rede gegen Agoratos gebraucht nach einander die Wörter μηνῦσαι und εἰσ-
αγγεῖλαι (§ 48 und 50) von derselben Anzeige[2]). Der νόμος
εἰσαγγελτικός ist höchst wahrscheinlich erst in der Verfassungs-
reform nach dem Sturze der Dreissig erlassen worden: man
versuchte durch dieses Gesetz eine Abgrenzung des Verfahrens
herbeizuführen, welche sich freilich als unwirksam erwies.
Hielt man den Grundsatz fest ein ausserordentliches Verfahren eintreten zu lassen, sobald ein Verbrechen gegen die Ge-

---

[1]) Ueberliefert ist Κακεῖ δὲ οὕτως ὥρισατο; zu Anfang desselben Ar-
tikels: εἰσαγγελία· κατὰ κοινῶν καὶ ἀγράφων ἀδικημάτων· αὔτη μὲν οὖν
ἡ Κινίνου δόξα für κατὰ καινῶν ... Κακιλίου δόξα.

[2]) Vgl. Schoemann De comitiis p. 181 Anm.

sammtheit gerichtet war und dem Volke die Entscheidung
anheimzugeben, ob letzteres der Fall sei, so war es unmöglich eine scharfe Unterordnung der einzelnen Handlungen unter
den dehnbaren Begriff durchzuführen: von jenem Grundsatze
ist man aber nicht abgegangen. Es konnte nicht einmal der
materielle Inhalt der Anklagen den Ausschlag geben, sondern
der Begriff der Gemeingefährlichkeit war leicht in die beglei-
tenden Umstände, die Motive, die besondere bei der Ausführung einer Tat bewiesene Unsittlichkeit hineinzulegen und dadurch der Willkür und zufälligen Strömung Tür und Tor ge-
öffnet. Wir wundern uns daher nicht dass die Versuche
der Abgrenzung eines schrankenlosen Principes vergeblich
waren, und Hypereides mochte sich am Eingange seiner Rede
für Euxenippos mit Recht beklagen, dass die früher nur für
die schwersten öffentlichen Verbrechen angewendete Klageform
zu seiner Zeit an lächerliche Bagatellen verschwendet würde.
Nach Demosthenes' Rede gegen Phormion 50 wurde ein
attischer Bürger, der Geld auf Unterpfänder entliehen und
diese vorenthalten hatte, im Eisangelienverfahren mit dem
Tode bestraft, und Lykophron, für welchen Hypereides die Verteidigungsrede verfasst hat, war in dieser Klageform wegen Un-
zucht belangt. Da in der Zeit der Redner doch nicht mehr
die Volksversammlung die Eisangelie entschied, sondern sie
an die Gerichte verwies[1]), so hatte ihre Anwendung keine andere

---

[1]) Gegen Ergokles ist nach Lysias 29, 12 in der Ekklesie verhandelt,
nach § 2 aber durch Cheirotonie auf Tod erkannt, also handelt es sich
nur um die vorgängige Schätzung des Strafmaasses durch die Volksversammlung bei der Ueberweisung der Eisangelie an das Gericht. Die letztere
Stelle: ἐγὼ δέ, ὦ ἄνδρες δικασταί, πάντας ὑμᾶς ἡγοῦμαι εἰδέναι, ὅτι Ἐργο-
κλέους διὰ τοῦτο ὑμεῖς θάνατον κατεχειροτονήσατε ist übrigens ein weiteres Zeugniss, dass die Vorstellungen von Gericht und Volk völlig durch-
einandergingen: trotz der Anrede ὦ ἄνδρες δικασταί ist zu κατεχειροτονήσατε
der Demos Subject. — Cheirotonie ist auch ausdrücklich erwähnt bei dem
Falle des Timagoras, Demosth. 19, 31. Auf jene vorläufige Verhandlung sind

Bedeutung als die einer missbräuchlichen Privilegienerteilung
an den Kläger für den Fall dass er nicht einmal ein Fünftel
der Stimmen gegen den Angeschuldigten erlangte. Nach dem
peloponnesischen Kriege war das Volk an die in eigens bestellten Gerichten ausgeübte Jurisdiction schon so sehr gewöhnt
dass es für seine Versammlung auf dieselbe verzichtete; darin
aber dass es während desselben noch nach den erhaltenen
Beispielen ziemlich oft das Urteil selbst fand, in andern Fällen
aber doch wiederum auf die ihm zustehende Gerichtsbarkeit
verzichtete[1]), sehen wir eine starke Bestätigung dafür dass
die Gerichte noch neu waren. Es hatte sich für die Abgrenzung der Rechtsprechung zwischen Ekklesie und Heliaia noch
kein fester Usus ausgebildet: später hat die erstere zwar dem
Princip und der Theorie nach Anteil an ihr behalten, die fac-
tische Ausübung aber der letzteren überlassen und sich mit
einem vorgängigen Spruche begnügt, der, wenn er auf Schuldig lautete, in keiner Weise bindend für das Gericht war.

Die berühmteste der von der Ekklesie entschiedenen
Rechtssachen ist die Verhandlung gegen die Feldherren der
Arginusenschlacht im Jahre 406. Die Athener haben wegen
derselben immer erneuten schweren Tadel auf sich geladen
und insbesondere hat man in dem Verfahren, wie es Xenophon
in seiner hellenischen Geschichte 1,7 erzählt, alle möglichen
Ungesetzlichkeiten gefunden[2]), da man Bestimmungen, die

---

demnach auch die Stellen zu beziehen, wo die Abstimmung durch Handaufheben zufällig nicht erwähnt ist, wie Demosth. 24, 134: Θρασύβουλον τὸν
Κολλυτέα πάντες μέμνησθε δὶς δεθέντα, καὶ κριθέντα ἀμφοτέρας τὰς κρίσεις
ἐν τῷ δήμῳ oder (Demosth.) 49, 10 in der Sache von Timotheos' Schatzmeister Antimachos: für die Redner ist die Hervorhebung des Anteils der
Volksversammlung an dem Urteil ein Mittel den Fall schwerer erscheinen zu
lassen.

[1]) Aristophanes Wespen 590 ἔτι δ' ἡ βουλὴ χώ δῆμος, ὅταν κρῖναι μέγα
πρᾶγμ' ἀπορήσῃ, | ἐψήφισται τοὺς ἀδικοῦντας τοῖσι δικασταῖς παραδοῦναι.

[2]) Herbst, Die Arginusenschlacht (Hamburg 1855) S. 57 zählt nur als
die schreiendsten Gesetzwidrigkeiten nicht weniger wie acht auf.

man als zu Recht bestehend ansah, nicht eingehalten fand.
In wie weit man dazu befugt gewesen ist, mag eine genauere
Betrachtung entscheiden. Später hätte der Process jedenfalls
nach dem Eisangelienverfahren behandelt werden müssen, in
dessen uns bekannten Gang sich der Hergang freilich durchaus nicht einfügen will. Nachdem Erasinides schon vorher
von Archedemos, „der damals in Athen dem Volke vor-
stand“, wegen Unterschlagung öffentlicher Gelder und auch
wegen der Führung seines Strategenamtes beim Gerichte an-
geklagt und festgenommen war, berichten die fünf übrigen
nach Athen zurückgekehrten Feldherrn über die Seeschlacht
und den nach derselben eingetretenen Sturm, welcher die
damit beauftragten Officiere, darunter Theramenes und Thra-
sybulos, verhindert hatte, die Leichen der in der Schlacht
Gefallenen zu bergen und den Schiffbrüchigen und Verwun-
deten Hilfe zu bringen. Auf den Antrag des Ratsmannes
Timokrates werden die Feldherrn gebunden, um wegen dieser
Unterlassung dem Volke zur Aburtelung übergeben zu werden.
In der darauf stattfindenden Ekklesie treten mehrere, am
nachdrücklichsten Theramenes, gegen die Feldherrn auf,
welche sich, da ihnen die vor Gericht übliche Sprechzeit nicht
zugemessen wird, in kurzer Rede verantworten. Die Abstimmung muss wegen der späten Stunde auf eine zweite
Ekklesie vertagt werden, für welche der Rat beauftragt wird
einen Vorschlag zur Behandlung der Sache bereit zu halten:
die Volksversammlung befiehlt ihm damit ihr einen Antrag
vorzulegen, der für den eingeleiteten Hochverratsprocess das
Forum bestimmt; das Strafmaass hatte sie auch für den Fall
zu beraten dass sie die Schuldbefindung einem Gerichte über-
wies und war also vom Rate jedenfalls mitanzugeben. Dieser
entledigt sich des ihm gewordenen Auftrages durch Annahme
des von Kallixenos verfassten Vorschlages, den wir besprochen
haben (S. 17 f.), nach welchem das Volk selbst in der Form wie

sic bei einem solchen Beschluss gegen Einzelne das Gesetz
vorschreibt, das Urteil fällen und im Falle der Schuld-
erkennung der Tod als Strafe eintreten soll; der Urheber
dieses Antrages war, wie es bei Xenophon heisst, von dem
Anhange des Theramenes angestiftet worden im Rate als
Ankläger aufzutreten. — Zuerst fehlt hier völlig der Einzel-
vertreter der Anklage im Sinne des späteren Eisangelienver-
fahrens. Vorgegangen wird gegen die Feldherrn auf Beschluss des Rates nach dem von einem Mitgliede desselben
gestellten Antrage; in der Ekklesie sprechen mehrere gegen
die Angeschuldigten, wie bei jeder andern Verhandlung der
beliebige Bürger das Wort ergreifen konnte; der Antrag
des Kallixenos ist wiederum ein Ratsbeschluss und bezeichnet gar nicht mehr das Stadium der Anklageerhebung,
sondern setzt schon den Abstimmungsmodus und die eventuelle
Strafe fest. Ferner hätte nach der Norm der Eisangelien
unmöglich der Rat die Angeklagten sogleich vor die Volksversammlung stellen können: er hätte einen Antrag auf Erhebung der Anklage bei dieser einbringen und ihre Entscheidung abwarten müssen, ob sie dieselbe annehmen wolle.
Es wird demnach auf keine Weise gelingen den Hergang mit
dem späteren Verfahren in Einklang zu setzen; dass dies
noch gar nicht bestand, dafür haben wir den competentesten
Zeugen in dem Fürsprecher der Feldherrn Euryptolemos. Er
beklagt sich mit keiner Silbe dass das Verfahren in ungehö-
riger Weise angestrengt, dass bei der Einleitung nicht die
gesetzliche Form beobachtet sei: er rät und bittet nur den
Angeklagten wenigstens einen Tag zu ihrer Verteidigung
zu gönnen und sie entweder nach dem Gesetze über
Tempelräuber und Verräter im Dikasterion oder nach dem
Psephisma des Kannonos, welches die ausdrückliche Bestimmung enthielt dass bei einer Mehrheit von Angeklagten über die Schuld eines Jeden gesondert befunden

werden solle, in der Ekklesie zu richten [1]). Billig und menschlich wäre die Zubilligung dieses Rechtsschutzmittels gewesen;
dass aber die Athener verpflichtet gewesen seien es zu gewähren, ist ganz irrig, denn ein blosser Volksbeschluss wird
durch einen späteren einfach aufgehoben oder für einen bestimmten Fall suspendirt. Wenn Euryptolemos sagt (§ 26),
dass Kallixenos wider das Gesetz den Rat beredet habe
den Antrag auf die Festsetzung einer Abstimmung für alle Angeklagten beim Volke einzubringen, so ist dies insofern richtig als
die allgemeine Bestimmung des Kannonos zu Rechte bestand,
so lange das Volk einen sie aufhebenden Beschluss nicht gefasst
hatte, aber einen solchen zu vollziehen konnte es nicht gehin-
dert werden. Gegen Kallixenos war durch Euryptolemos eine
Gesetzwidrigkeitsklage eingebracht, die vermutlich vor Gericht
die Aufrechterhaltung der kannonischen Bestimmung erwirken

---

[1]) Man hat über den Umfang des kannonischen Decretes gestritten.
Soweit der bei Xenoph. I 7, 20 mitgeteilte Inhalt das Verfahren betrifft, ist er
schon an den Feldherrn erfüllt: sie sind gebunden der Ekklesie übergeben.
Euryptolemos beantragt nachher (I 7, 34) κατὰ τὸ Καννωνοῦ ψήφισμα κρίνεσθαι τοὺς ἄνδρας δίχα ἕκαστον; wären die letzten beiden die Rechts-
garantie enthaltenden Worte von ihm besonders zugesetzt, so bliebe von dem
Psephisma keine Bestimmung mehr zu erfüllen übrig als dass im Falle der
Verurteilung der Tod eintreten solle, und man sähe nicht, warum Euryptolemos
es heranzieht; sein Antrag hätte dann einfach lauten müssen κρίνεσθαι τοὺς
ἄνδρας δίχα ἕκαστον. Dass aber jener Rechtsschutz in dem Decrete wirklich
enthalten war, ist ausser dem angeführten Grunde auch sicher durch Aristophanes
Ekklesiazusen 1089, wo der von zwei alten Weibern umstrittene Jüngling ausruft:

τοῦτο τὸ πρᾶγμα κατὰ τὸ Καννωνοῦ σαφῶς
ψήφισμα· βινεῖν δεῖ με διαλελημμένον.
πῶς οὖν δικωπεῖν ἀμφοτέρας δυνήσομαι;

„Diese Sache fällt offenbar unter das Psephisma des Kannonos: ich muss mit
Jeder einzeln verfahren. Wie werde ich wohl mit beiden fertig werden können?"
In dem Falle dass die Volksversammlung nach dem andern von Euryptole-
mos vorgeschlagenen Gesetze die Sache an die Gerichte verwies, stand die
Einzelbefindung von selbst fest. Bei der ersten Erwähnung des Decretes,
nach dem zu verfahren er beantragen will, genügt es für die Absicht des

wollte; aber diese Berufung ist auch statthaft, wenn man nur die Opportunität, nicht die Legalität eines Volksbeschlusses bestreiten kann. Das ist ein berechtigter Vorwurf gegen jene unselige Verhandlung, dass die Rücknahme der Suspensions-klage durch Terrorisirung erzwungen wurde und dass die durch die Haltung der Menge eingeschüchterten Prytanen die Abstimmung über einen Antrag vornahmen, gegen welchen ein nur unfreiwillig zurückgezogener Einspruch vorlag; aber es giebt keinen stärkeren Beweis für die Absicht das formale Recht zu wahren als dass man nicht zur Abstimmung schritt, ohne ihren gesetzlichen Behinderungsgrund beseitigt zu haben. Als sich Euryptolemos zur Rücknahme seines Einspruchs zwingen liess, hat er die Abstimmung formell legalisirt: ob es ihm möglich gewesen wäre bei seinem Willen zu beharren und was dann weiter geschehen wäre, ist müssig entscheiden zu wollen. Zuerst wurde sein Antrag, die Feldherrn ein-

---

Euryptolemos, es so weit anzuführen als dem versammelten Volke dartun muss, dass er keineswegs ein mildes Verfahren beanspruche sondern den Tod als eventuelle Strafe zugäbe, während Xenophon, wo er die Einbringung des Antrages erzählt (§ 34 ταῦτ' εἰπὼν Εὐρυπτόλεμος ἔγραψε γνώμην κατὰ τὸ Καννωνοῦ ψήφισμα κρίνεσθαι τοὺς ἄνδρας δίχα ἔκαστον, ἡ δὲ τῆς βουλῆς ἦν μιᾷ ψήφῳ ἅπαντας κρίνειν), hervorhebt, worin sich die beiden zur Frage stehenden Ver-fahrungsarten unterscheiden. Die Bestimmung über das Einzelurteil kann sehr wohl an die von Xenophon in § 20 überlieferten Worte als besonderer Satz an-geschlossen gewesen sein, etwa ἐὰν δὲ πλείονες ὦσιν οἱ κατηγορούμενοι, δίχα κρίνεσθαι ἕκαστον. — Grotes Erklärung der Aristophanesstelle (History of Gr. VII p. 525 der Ausgabe in 8 Bänden, London 1862) geziemt es einzig mit Stillschweigen zu übergehen, ebenso wenig glücklich aber ist die von Herbst gebilligte (a. a. O. S. 52): „Der junge Mensch, der auf jeder Seite von einer Alten festgehalten und gezerrt wird (v. 1087: ἕλκοντε), kömmt sich wie ein Verklagter vor, der nach dem kannonischen Dekret von seinen Bürgen (Hudtwalcker S. 95) gefasst, διαλελημμένον, vor das Gericht gebracht wird." Bei Hesychios nämlich und in den Scholien des Aristophanes steht Καννωνοῦ ψήφισμα· εἰσήνεγκε γὰρ οὗτος ψήφισμα ὥστε διειλημμένους τοὺς κρινομένους ἐκατέρωθεν ἀπολογεῖσθαι: dies ist aber offenbar nichts als eine willkürliche Ausdeutung der Worte des Aristophanes.

zeln zu richten, angenommen: als aber auf den eidlichen
Einspruch eines gewissen Menekles die Abstimmung wiederholt wurde, ergab sich eine Mehrheit für den von Kallixenos
beantragten Vorschlag des Rates. Auch hier giebt Xenophon uns nicht den geringsten Verdacht einer Ungesetzlichkeit an die Hand und wir haben kein Recht zu zweifeln dass
bei der ersten Abstimmung ein Fehler, sei es bei ihrem Her-
gange oder bei der Ermittelung des Resultates, vorgekommen war.

Wir können demnach die Athener wegen jener Verhandlung ¡nach der formalen Seite hin entlasten: es ist keine
damals für Gerichtsverhandlungen vor dem Volke vorhandene
Bestimmung nachweisbar, welche nicht eingehalten worden
wäre. Wird dies anerkannt, so ergiebt sich vielleicht von vornherein die Geneigtheit auch dem Inhalte des Vorgehens eine
mildere Beurteilung zu Teil werden zu lassen als er zu erfahren pflegt. Man glaube doch nicht dass ein Volk, voran seine
Ratsversammlung, plötzlich von wilder Mordlust gegen seine
sieggekrönten Feldherrn ergriffen wird, dass es ein Taumel er-
fasst sie grundlos zu verderben. Schwerlich reicht unser Material zu der Entscheidung hin, ob vor dem Ausbruche des Sturmes
nicht Zeit war die Leichen zu bergen; aber wenn selbst nicht
der Vorwurf der geringsten Fahrlässigkeit begründet sein sollte,
so erfordert doch die Gerechtigkeit, dass wir uns die Handlungs-
weise der Athener von ihrem eigenen Standpunkte aus zu erklären suchen, dass wir uns an die hellenische Gefühlsweise
erinnern, welcher die Vorstellung des unbestatteten Leichnams
eine grauenhafte, die religiöse Empfindung empörende war.
Wenn sich die Bürger von Athen vorstellen mussten, dass die
Leichen ihrer Söhne und Brüder den Wellen zum Spiel, den
Fischen zum Frass dienen, dass die Schatten der Unbegrabenen
ruhelos umherirren mussten, und wenn es ihnen möglich erschien
dass die Feldherrn dies Unheil hätten verhindern können: so

bedurfte Theramenes keiner Künste sie zum Aeussersten anzu-
stacheln und auf Andre die furchtbare Erbitterung abzulenken,
der er sonst vermutlich selbst zum Opfer gefallen wäre. Dazu kam
für jeden Einzelnen die Erwägung, dass sein Angehöriger vielleicht überhaupt zu retten gewesen wäre: wenn heute eine
Volksmenge noch unter dem frischen Eindruck einer gleichen
Trauerbotschaft über diejenigen, die sie für verantwortlich
hält, zu Gericht zu sitzen hätte, wir wissen nicht, ob das Resultat ein anderes würde. Dem Protest, welchen der Prytane
Sokrates erhob, als seine Amtsgenossen das zu ruhiger Ueber-
legung in jener Stunde unfähige Volk zu einer nur durch Tumult
legalisirten Entscheidung über Leben und Tod zuliessen, haben
die Athener durch ihre verspätete Reue selbst Recht gegeben
und schön wäre es gewesen, wenn auch über die verzeihlichste
Leidenschaft die wägende Einsicht, welche die Gerechtigkeit von
dem eigenen Unglück zu scheiden weiss, hätte siegen können:
es wäre ein Blatt aus ihrer Geschichte entfernt, das man nur
mit Schaudern lesen kann. Wer aber eine solche Ueberwin-
dung von der Menge nicht als Pflicht fordern zu dürfen glaubt,
der muss das Vorgehen der Athener menschlich entschuldbar
finden, wie sehr er die unglücklichen Feldherren bedauern
mag. —

Die Arginusenfeldherrn wurden, wie wir gesehen haben,
vom Rate zunächst vor die Volksversammlung gestellt und
dass es dieser freigestanden hätte das Gericht als Forum
zu bestimmen, beweist die Alternative des Euryptolemos, das
gerichtliche Verfahren nach dem Gesetze über Verrat eintreten zu lassen. Von der Befolgung dieses S. 75 angeführten
Gesetzes ist uns ein Beispiel erhalten in dem im Jahre 411
verhandelten Eisangelienprocess gegen den Redner Antiphon;
den die Anklage erhebenden Ratsbeschluss hat uns das pseudo-
plutarchische Leben des Antiphon 23 überliefert. Die Strategen hatten gegen Archeptolemos, Onomakles und Antiphon

die Anzeige wegen verräterischer Verbindung mit Sparta beim
Rate eingereicht, welcher die Festsetzung der Angeklagten
und ihre Ueberweisung an das Gericht beschliesst: die Strategen werden für ihre Gestellung verantwortlich gemacht
und es wird ihnen anheimgegeben sich Ratsmänner bis zur
Anzahl von zehn zu cooptiren. Die Thesmotheten sollen die
Vorladung schon am folgenden Tage vornehmen und den Process auf Verrat instruiren. „Anklagen sollen die gewählten
Staatsanwälte (συνήγοροι) und die Strategen und wer sonst
noch mag; wen aber das Gericht verurteilt, gegen den
soll verfahren werden nach dem Gesetze über die Verräter.“
So ist es gehalten worden, wie das uns glücklicher Weise an
derselben Stelle wörtlich mitgeteilte Erkenntniss zeigt: da Archeptolemos und Antiphon der Verräterei schuldig befunden
werden, wird als Strafe erkannt, dass sie den Elfmännern
übergeben werden sollen, dass ihr Vermögen confiscirt und
der Göttin der Zehnte zuerteilt werde; ihre Häuser sollen
niedergerissen und auf dem Grunde Schandsäulen errichtet
werden, beide soll man nicht in athenischer Erde, noch wo
die Athener sonst Macht haben, begraben, sie und ihr ganzes
Geschlecht sollen ehrlos sein. Sowohl das Forum des Processes, das Gericht, als die Strafe entspricht dem erhaltenen
Gesetze. Der Process wird ausdrücklich als Eisangelie bezeichnet und er fällt unter den Begriff derselben nicht bloss
dem Gegenstande nach, sondern auch insofern die Einbringung der Klage nicht bei einem Magistrat sondern beim
Rate geschieht: darin aber dass dieser sie sogleich an das
Gericht und nicht zunächst an das Volk weist, ist eine we-
sentliche Abweichung von dem späteren Verfahren. Aus dem
Arginusenprocess ist deutlich dass der Rat damals das Recht
hatte einen auf Hochverrat Angeklagten sofort vor die Ekklesie zu stellen; nach dem Processe des Antiphon war er
auch befugt zu entscheiden, ob die bei ihm eingebrachte Eis-

angelie unter das Gesetz über Verräter falle und dann das
Gericht als zuständig zu bestimmen. Diese Befugniss, wie
überhaupt das ganze Verräterei-Gesetz steht in scharfem
Widerspruch zu dem ausgebildeten Eisangelienverfahren; es
kann kein Zweifel sein dass es noch nicht befestigt war.
Sehr beachtenswert ist aber dies Schwanken der Competenzen
unter den an der Jurisdiction teilnehmenden Organen: einerseits zwischen Rat und Beamten, anderseits zwischen Volksversammlung und Gerichten. —

Es gab auch eine Anklageform, in welcher die Volksversammlung zwar nicht das Urteil fand, aber doch ein die richterliche Entscheidung praejudicirendes Votum abgab, das
Probolen-Verfahren [1]). Es war statthaft wegen Störung der
Feste, mindestens derer zu Ehren des Dionysos und der Mysterien, insbesondere auch wegen Verfolgung von Rechtsan-
sprüchen an diesen Tagen des Gottesfriedens [2]), wegen Syko-
phantie [3]), nach Caecilius wegen unbefugter Aneignung aus
dem Ertrage fiskalischer Bergwerke [4]), endlich wegen Ausschreitungen von Beamten [5]). Ueber eine Anzeige solcher Art wurde
durch Handaufheben in der Volksversammlung abgestimmt;
wies diese sie ab, so war die Sache erledigt, im andern
Falle ging sie zur ordentlichen Verhandlung an das Gericht,
das an das Votum der Ekklesie nicht gebunden war, ein Strafmaass schlug dieselbe überhaupt nicht vor. Die angeführten
Handlungen wurden wie die der Eisangelie unterstehenden

---

[1]) Vgl. Schoemann, *De comitiis* p. 227 ff. Meier Der attische Process
S. 242 ff.

[2]) Demosthenes Meidiana 9. 11. 175.

[3]) Aischines, Von der Truggesandtschaft 145. Isokrates, Von der Anti-
dosis 314.

[4]) Caecilius in Porsons Photius App. p. 676, 23.

[5]) Harpokration u. καταχειροτονία· ἔτος ἦν Ἀθήνῃσι κατὰ τῶν ἀρχόν-
των καὶ κατὰ τῶν συκοφαντῶν προβολὰς ἐν τῷ δήμῳ τίθεσθαι. εἰ δέ τινος
καταχειροτονηθείη, οὗτος εἰσάγετο εἰς τὸ δικαστήριον.

als das ganze Volk berührende, nur als leichtere Vergehungen
angesehen und die Gemeinde hält an dem Grundsatze fest dass
in diesem Falle ihre Versammlung an der Rechtsfindung beteiligt
sein müsse. Sie begnügt sich aber zu erklären, ob sie sich
überhaupt gekränkt fühle und wenn sie so befindet, dem Gerichte ein Gutachten zu überweisen, das wenigstens moralisch
einen Einfluss ausüben musste. — Xenophon (Hellenische Geschichte I 7, 34) erzählt, dass die Athener nach dem Arginusenprocess diejenigen, die zu dem Vorgehen gegen die Feldherrn geraten hatten, vor Gericht forderten, und wendet dabei
das Wort προβολή an [1]). Wenn das Verfahren damals schon
abgegränzt war, so müsste die Täuschung des Volkes als Sy-
kophantie aufgefasst worden sein; wahrscheinlicher aber ist
dass die Anwendbarkeit dieser Klagen damals so wenig fixirt
war wie die der Eisangelien. — Auch in der Probolen-Insti-
tution erblicken wir einen Rest der Gerichtsbarkeit, welche
einst ausser bei den Beamten ausschliesslich bei der Ekklesie
stand. —

Es ist notwendig noch einen in der Untersuchung über
den Hermen- und Mysterienfrevel im Jahre 415 vorgekomme-
nen Fall genauer zu betrachten. Der Rat führte dieselbe, vom
Volke mit ausserordentlicher Vollmacht ausgestattet; unter
den Denuncianten trat auch der Sclave eines gewissen Phe-
rekles, Lydos, mit der Beschuldigung auf dass Leogoras, der
Vater des Redners Andokides, in Gemeinschaft mit Andern
die Mysterien profanirt habe. Auf Veranlassung des Ratsmannes
Speusippos kommt die Sache an das Gericht, wie der Sohn
in seiner Mysterienrede 17 mit folgenden Worten erzählt:
Σπεύσιππος δὲ βουλεύων παραδίδωσιν αὐτοὺς τῷ δικαστηρίῳ,
dann fährt er fort χἄπειτα ὁ πατὴρ καταστήσας ἐγγυητὰς

---

[1]) καὶ οὐ πολλῷ χρόνῳ ὕστερον μετέμελε τοῖς Ἀθηναίοις, καὶ ἐψηφί-
σαντο, οἵτινες τὸν δῆμον ἐξηπάτησαν, προβολὰς αὐτῶν εἶναι ... προὐβλή-
θησαν δέ κτλ.

ἐγράψατο τὸν Σπεύσιππον παρανόμων, καὶ ἠγωνίσατο ἐν
ἑξακισχιλίοις Ἀθηναίων καὶ μετέλαβε δικαστῶν τοσούτων οὐδὲ
διακοσίας ψήφους ὁ Σπεύσιππος. Diese Stelle schien ein
Zeugniss zu bieten dass einmal ein Gerichtshof mit der angenommenen Gesammtzahl der 6000 Geschworenen besetzt
war, und man freute sich der Bestätigung. Es wäre zu fragen,
wie es denn möglich ist dass von einer solchen Menge von
Menschen kein Einziger verhindert war zu erscheinen; meint
man aber, dass Andokides in verzeihlicher Flunkerei die
Richter in der Anzahl angegeben habe, wie sie einberufen
waren, obwohl sich in Wahrheit nicht Alle einstellten, so ent-
steht die nicht weniger grosse Schwierigkeit, mit welchem
Rechte sich die attischen Behörden das Dasein der Heliasten
„ewig klar und spiegelrein und eben“ wie das der leicht le-
benden Götter vorstellen konnten: dachten sie sich dasselbe
wie das andrer sterblicher Menschen, so mussten sie notwendig voraussetzen dass Krankheit oder häusliche Sorge von
Sechstausenden eine ganze Anzahl zurückhalten würden und
konnten sie nicht alle einberufen. Ferner war es fester Ge-
brauch die Gerichtshöfe niemals mit einer geraden Anzahl
von Mitgliedern zu besetzen sondern einen über die gesetzliche
Zahl hinzuzufügen, damit Stimmengleichheit vermieden würde,
welche dem Angeklagten günstig gewesen wäre [1]); auf die
Anwendung dieses Grundsatzes der Gerichtspraxis hätte man
hier jedenfalls verzichten müssen, denn dieser eine Geschworene
wäre schlechterdings nicht mehr aufzutreiben gewesen. —
Sieht man den nur andeutenden Bericht des Andokides etwas
näher an, so findet man sich freilich Schwierigkeiten gegenüber, welche die Stelle als nicht dazu angetan erscheinen

[1]) Scholion zu Demosthenes 24, 9 διὰ τοῦτο δὲ ὁ εἷς προσετίθετο ἀεὶ
τοῖς δικασταῖς, ἵνα μὴ ἴσων γενομένων τῶν ψήφων ἐξ ἴσης ἀπέλθωσιν οἱ
δικαζόμενοι. — Antiphon 5, 51 τῶν ψήφων ὁ ἀριθμὸς ἐξ ἴσου γιγνόμενος
τὸν φεύγοντα μᾶλλον ὠφελεῖ ἢ τὸν διώκοντα.

lassen einfach 6000 Richter aus ihr zu notiren. Die Worte
Σπεύσιππος δὲ βουλεύων παραδίδωσιν αὐτοὺς τῷ δικαστηρίῳ
sind nur so auszulegen, dass die Anklage auf die gegen
Leogoras eingegangene Denunciation vom Rate nach dem Antrage des Speusippos erhoben war [1]); der Begriff der γραφή
παρανόμων deutet auf eine ungesetzliche Handlung, zu welcher
Speusippos dadurch den Rat bestimmt hat. Worin diese aber
bestand, liegt nicht auf der Hand: zur Erhebung der Anklage
war der Rat befugt, da das Volk ihn bevollmächtigt hatte
selbständig zu handeln, ohne noch im Einzelnen seine eigene
Genehmigung einzuholen; auch die Festsetzung des Leogoras
konnte er vornehmen, wenn dieser sich durch die Bürgen-
stellung erst in Freiheit setzen musste, denn nach § 13 der
Rede wurde ein anderer, in derselben Untersuchung Denun-
cirter vom Volke festgenommen, der Rat als αὐτοκράτωρ hatte
aber in dieser Sache die gleiche Competenz. Sicher ist demnach dass Speusippos den Rat zu keiner formellen Illega-
lität veranlasst hat: grundsätzlich war er zu seinem Vorgehen
competent, also muss die Ungesetzlichkeit in der Anwendung
der Befugniss auf diesen speciellen Fall begangen sein. Mit
der siegreichen Durchbringung seiner Gesetzwidrigkeitsklage
war Leogoras, wie die Erzählung des Sohnes lehrt, überhaupt
von der gegen ihn erhobenen Anschuldigung befreit und seine
Verteidigung gegen Speusippos führte er durch den Nachweis,
dass er noch niemals an dem Orte gewesen sei, wo er die
Mysterienschändung vorgenommen haben sollte [2]). Demnach erstreckte sich die Untersuchung in der γραφή παρανόμων keinen-
falls bloss auf die Form, sondern auch auf den Inhalt der
vom Rate angestrengten Klage: damit ist erwiesen, dass

---

[1]) Vgl. Bergk in Schillers Ausgabe des Andokides p. 115.

[2]) Mysterienrede 22 ἀλλὰ γὰρ καὶ ὅτε Σπεύσιππον ἐδίωξεν ὁ πατὴρ
τῶν παρανόμων, αὐτὰ ταῦτα ἔλεγεν, ὡς οὐδεπώποτε ἔλθοι εἰς Θημακὸν
ὡς Φερεκλέα· ἐκέλευε δὲ βασανίσαι τὰ ἀνδράποδα κτλ.

Speusippos die materielle Berechtigung der Beschuldigung
anfocht. Es ist danach kaum an einen anderen Verstoss des
Rates zu denken als dass er auf unzulängliche Indicien die
Bezichtigung angenommen und die Klage erhoben hatte:
Leogoras mochte in der Lage sein sofort so überzeugende
Beweise seiner Unschuld beizubringen, dass die Sache niederzuschlagen und nicht erst an das Gericht zu bringen war; zu
dieser Verantwortung mag man ihm nicht die Zeit gelassen
haben. Dies scheint uns eine vollkommen ausreichende Möglichkeit den Sachverhalt zu erklären; mag man das Specielle
dahingestellt sein lassen, ganz sicher ist dass der Rat von
Leogoras beschuldigt war, auf Antrag des Speusippos nicht
im Sinne der ihm erteilten Vollmacht gehandelt zu haben;
der Recurs konnte aber nur an den Auftraggeber, d. h. an
die Ekklesie gerichtet werden. Es ist demnach ausser allem
Zweifel dass der Streit zwischen Leogoras und Speusippos
in einer Volksversammlung ausgefochten ist, welche zu der
Gerichtsverhandlung selbstverständlich nach der dafür gesetzlichen Norm, welche die Anwesenheit von mindestens 6000
Bürgern forderte, constituirt war. Will man uns einwerfen, dass
ja ausdrücklich die Teilnehmer bei dieser Entscheidung als
Richter, δικασταί, bezeichnet werden, so stützen wir uns auf
eine Stelle wie Aischines, Gegen Timarch 86, ἠτιάσατό τινας εἶναι,
οἵπερ ἄρα ἐνεχείρουν συνδεκάζειν τὴν ἐκκλησίαν καὶ τἄλλα δικαστήρια: Aischines nennt die Ekklesie ein Dikasterion, sofern
sie in einer Eisangelienklage ein Urteil fällt; mit demselben
Rechte bezeichnet Andokides die an einer richterlichen Entscheidung teilnehmenden Ekklesiasten als Dikasten. In Demosthenes Timocratea 196 ist unter der Benennung der Dikasterion
sogar der Rat einbegriffen [1]), der nur einen Vorschlag über

---

[1]) ἐν τρισὶν ἐξελεγχθέντας δικαστηρίοις. Vgl. Schäfer Demosthenes I
S. 322 Anm. 1.

die Behandlung der Eisangelie und über das eventuelle
Strafmaass der Ekklesie zur Genehmigung zu unterbreiten
hatte ¹).

Nachdem wir die letzte Stütze der Annahme von sechstausend ständigen Geschworenen beseitigt zu haben glauben,

---

¹) Das oben nachgewiesene verkannte Beispiel einer Abstimmung der Ekklesie nach der Norm der νόμοι ἐπ᾽ ἀνδρί löst den Zweifel, ob dabei 6000 Bürger
überhaupt nur stimmen oder zustimmen mussten, im Sinne der ersteren Alternative: der Ausdruck ἠγωνίσατο ἐν ἑξακισχιλίοις Ἀθηναίων ist unzweideutig. Zu
dem gleichen Resultate führt das Psephisma des Kallixenos (s. oben S. 17f.): διαψηφίσασθαι Ἀθηναίους πάντας d. h. „es sollen abstimmen mindestens 6000 Bürger“, und die Darstellung, welche Plutarch im Leben des Aristeides 7 von
der Abstimmung beim Ostrakismos giebt, erweist sich als zutreffend: ὄστρακον
λαβὼν ἕκαστος καὶ γράψας ὃν ἐβούλετο μεταστῆσαι τῶν πολιτῶν, ἔφερεν
εἰς ἕνα τόπον τῆς ἀγορᾶς περιπεφραγμένον ἐν κύκλῳ δρυφάκτοις. οἱ
δ᾽ ἄρχοντες πρῶτον μὲν διηρίθμουν τὸ σύμπαν ἐν ταὐτῷ τῶν ὀστράκων
πλῆθος. εἰ γὰρ ἑξακισχιλίων ἐλάττονες οἱ γράψαντες εἶεν, ἀτελὴς ἦν ὁ
ἐξοστρακισμός. Dass Philochoros Plutarchs Quelle ist wird unzweifelhaft,
wenn man seine Worte mit dem ihn anführenden Excerpt in Porsons Photius
App. p. 675, 12 (fr. 79b Müller) vergleicht. Hier liegt Philochoros' Zeugniss
freilich in einer Fassung vor, welche gerade an der entscheidenden Stelle
corrumpirt ist: ἐτίθεσαν τὰ ὄστρακα, στρέφοντες τὴν ἐπιγραφήν. ἐπιστά-
τουν δὲ οἵ τε ἐννέα ἄρχοντες καὶ ἡ βουλή· διαριθμηθέντων δέ, ὅτῳ πλεῖστα
γένοιτο καὶ μὴ ἐλάττω ἑξακισχιλίων, τοῦτον ἔδει ... μεταστῆναι τῆς πόλεως. Dass die Worte von διαριθμηθέντων bis ἑξακισχιλίων nicht wörtlich aus
Philochoros entlehnt sind, ist offenbar: ὅτε für ὅτῳ πλεῖστα ist gewiss nur
Fehler der Ueberlieferung, aber zu dem Genetiv des Particips kann man
nicht aus dem weit voranstehenden ὄστρακα das Substantiv ergänzen. Es
muss eine verfälschende Fassung des philochoreischen Zeugnisses gegeben
haben, welche in gleicher Form wie dem Compilator des rhetorischen Wörter-
buches auch dem Scholiasten zu Aristophanes' Rittern 855 und Pollux (8, 20)
vorgelegen zu haben scheint. Philochoros kann nur bezeugt haben, was aus
unsren unmittelbaren Quellen hervorgeht; von den Stellen, welche Böckh (Staatshaushaltung der Athener I S. 325f.) anführt, kommen die Zeugnisse der
Lexicographen gegen ursprünglichere nicht in Betracht, die der Redner
aber sind von ihm der vermeintlichen Aussage des Philochoros zu Liebe

können wir uns zu der Untersuchung wenden, wie die einzelnen Commissionen, in denen die Heliaia ihre Functionen ausübte, gebildet worden sind. Das Bedürfniss der Arbeitsteilung war bei ihrer fortlaufenden und sehr bedeutenden Geschäftslast unabweisbar; sie hätte gar nicht bewältigt werden können, wenn man alle Verhandlungen der Gesammtkörperschaft zugewiesen hätte: unendliche Verschleppungen hätten eine grosse Unsicherheit des öffentlichen Rechtszustandes hervorgebracht. Es bedurfte also einer Organisation der Heliaia zu kleineren Abteilungen und es war nicht möglich dass man es wie für die Volksversammlung den Berechtigten anheimgab heute zu erscheinen und morgen fortzubleiben: die Thesmotheten konnten die Geschäfte nicht ordnungsmässig verteilen, ohne zu wissen welche Anzahl von Kräften ihnen für deren Erledigung zur Verfügung sei. Es musste demnach die ständige Teilnahme und eine besondere Willenserklärung gefordert werden dass man bereit sei die

---

nur künstlich mit deren Inhalte in Einklang gebracht worden, sonst hätte sie niemand in diesem Sinne gedeutet: (Demosth.) G. Neaira 89 (ὁ νόμος) οὐκ ἐᾷ κυρίαν γενέσθαι τὴν ποίησιν, ἐὰν μὴ τῇ ψήφῳ εἰς τὴν ἐπιοῦσαν ἐκκλησίαν ὑπερεξακισχίλιοι ψηφίσωνται κρύβδην ψηφιζόμενοι. Demosth. 24, 46 ἐὰν μὴ τῆς ἀδείας δοθείσης καὶ ταύτης μὴ ἔλαττον ἢ ἑξακισχιλίων ψηφισαμένων; das zu Grunde liegende Gesetz bei Andokides Mysterienrede 87 μηδὲ ἐπ' ἀνδρὶ νόμον ἐξεῖναι θεῖναι, ἐὰν μὴ ἑξακισχιλίοις δόξῃ κρύβδην ψηφιζομένοις. Sonst beruft sich Böckh nur noch auf zwei unechte Urkunden bei Demosth. 24, 45 und 59; an ersterer Stelle stehen die gleich folgenden von uns ausgeschriebenen Worte des Redners seiner Meinung entgegen. Aus der Stelle der Rede gegen Neaira geht hervor dass mindestens 6001 Stimmen abgegeben sein mussten; genau so wie bei einem Gerichtshof 401, 501 u. s. w. Teilnehmer zu verstehen sind, auch wo die runde Zahl genannt wird. — Während des peloponnesischen Krieges, wo doch die Abstimmungen ἐπ' ἀνδρὶ verhältnissmässig häufig waren, sind nach Thukydides 8, 72 bis zur Revolution der Vierhundert die Athener „zu keiner so wichtigen Angelegenheit zusammengekommen, dass sie sich in einer Anzahl von 5000 versammelt hätten"; dies müssen wir von den gewöhnlichen Ekklesien verstehen, die Praesenz von 6000 bei Privilegienerteilung ist demnach sehr hoch.

zeitraubende Tätigkeit eines Heliasten zu übernehmen, wie ja
überhaupt die Bestellung zu einer öffentlichen Function in Athen
nur nach vorhergegangener Meldung erfolgen konnte. Jährlich,
wahrscheinlich zur Zeit der Aemterwahlen, hatten die Bürger,
welche als Heliasten fungiren wollten, sich bei dem Collegium
der neun Archonten zu melden, welche nach Prüfung der
Legitimation, d. h. nach der Constatirung des erreichten
dreissigsten Lebensjahres und des Besitzes aller Ehrenrechte
den Zutritt erteilten und die Ausloosung der Einzelnen in die
zehn feststehenden Sectionen vornahmen. Dies bezeugt Pollux
8, 87, indem er unter der gemeinsamen Competenz der neun
Archonten „das Ausloosen der Richter" aufführt, was man
fälschlich auf die Bestellung zum Heliastenamt durch Loosung
aus den Bürgern bezogen hat. Die Sectionen, technisch δικαστήρια genannt, waren mit den fortlaufenden Buchstaben
des Alphabets von Alpha bis Kappa bezeichnet; nach der
Feststellung dieser Abteilungen erhielt Jeder zu seiner Legitimation ein bronzenes Täfelchen, welches seinen Namen und
gewöhnlich, wenn auch abgekürzt, den seines Vaters und
Demos enthielt und in einem Runde mit einem Stempel ein-
geschlagen den Buchstaben seiner Section angab. Eine statt-
liche Anzahl dieser Täfelchen ist aus attischen Gräbern her-
vorgezogen worden; die Sectionsbezeichnung bewegt sich
innerhalb der genannten Buchstaben und bestätigt das freilich
im ärgsten Missverstande wiedergegebene Zeugniss des wüsten
Scholions zu Aristophanes Plutos 277, das nur heranzuziehen
ist, wenn wir es andersher controliren können¹); in einem

---

¹) Der Scholiast des Ravennas sagt, dass zehn Gerichtsstätten vorhanden gewesen sind, und bezieht auf diese die Einteilung. Ein anderer beschreibt
die Täfelchen ganz richtig: ἔρχεται ἕκαστος εἰς τὸ πινάκιον ἔχων ἐπιγε-
γραμμένον τὸ ὄνομα αὐτοῦ καὶ πατρόθεν καὶ γράμμα ἕν τι μέχρι τοῦ κ;
bezieht die Buchstaben aber auf die Phyleneinteilung und meint, dass nach
den Phylen täglich die Archonten und ihr Schreiber die Gerichtshöfe ausgeloost hätten. Die Zahl zehn brachte ihn auf die Phylen, ausserdem hat ihn

zweiten Runde zeigen diese Täfelchen das attische Staats-
wappen, die Eule [1]). Die Zuweisung in die Dikasterien erfolgte aus der Gesammtmenge, ganz unabhängig von der
Phylen-Angehörigkeit: nach den Legitimationstäfelchen waren
in derselben Section Bürger verschiedener Phylen vereinigt
und dass in jedem Jahre die Phyleten in den Dikasterien ge-
mischt waren, zeigen die Wespen des Aristophanes 233 f., wo
von den als unmittelbaren Collegen erwähnten Strymodoros
und Chabes der erstere aus dem Demos Konthyle, also der
Phyle Pandionis, der zweite aus Phlya, also der Phyle Ke-
kropis ist. Wohl bei Aushändigung ihrer Legitimation hatten
die Geschworenen einen Amtseid zu leisten, der in Demosthenes'
Timocratea 149 ff. eingelegt, aber durch Interpolation sowohl
als durch Auslassung entstellt ist. Die Eidesleistung fand in
älterer Zeit auf dem Ardettos, einer jenseits des panathe-
näischen Stadions belegenen Oertlichkeit statt [2]).

Jede der zehn Sectionen bestand, wie nicht bezweifelt
werden kann, aus 500 Mitgliedern. Dies bezeugt Demosthenes
24, 9 πρὸς δὲ τούτοις δικαστηρίοιν δυοῖν εἰς ἕνα καὶ χιλίους
ἐψηφισμένων und darauf gehen Aeusserungen der Gramma-
tiker wie Pollux 8, 123 ἡ Ἡλιαία πεντακοσίων, εἰ δὲ χιλίων
δέοι δικαστῶν, συνίστατο δύο δικαστήρια, εἰ δὲ πεντακοσίων
καὶ χιλίων, τρία oder Harpokration unter Ἡλιαία· συνῇεσαν

die doppelsinnige Bezeichnung der Thesmotheten geirrt. Das ganze Scholion
ist ein wahrer Rattenkönig von Verwirrung.

[1]) Es kommt auch eine Mehrzahl von Stempeln auf demselben Täfelchen
vor mit wechselnden Typen, welcher Umstand die abenteuerlichsten Erklä-
rungen hervorgerufen hat. Das Einfachste scheint uns anzunehmen, dass die
besonderen Stempel zu einer besonderen Befugniss legitimiren, die an die He-
liastenqualität geknüpft, aber nicht mit ihr identisch ist, also besonders zur
Teilnahme an einer Nomothetencommission. Eine Sammlung dieser Täfelchen
ist im *Corp. Inscr. Att.* zu erwarten. — Die Sectionen sind auch auf den
heliastischen Stimmsteinen angegeben, s. Wachsmuth, Archäolog. Zeitg. 1861
S. 223*.

[2]) Harpokration unter Ἀρδηττος. Bekker Anecdota p. 207, 2. 443, 23.

δὲ οἱ μὲν χίλιοι ἐκ δυοῖν δικαστηρίοιν, οἱ δὲ χίλιοι πεντακό-
σιοι ἐκ τριῶν. Man war aber sehr im Irrtum, wenn man
durch die Zehnzahl der Dikasterien zu je 500 Mitgliedern 5000
Geschworene beglaubigt fand, indem man die von der vermeintlichen Gesammtzahl 6000 übrig bleibenden 1000 Heliasten
als Ersatzmänner gut untergebracht glaubte[1]). Die Summe
von 500 Mitgliedern für jedes Dikasterion wurde nämlich
dadurch erreicht dass die einzelnen Heliasten verschiedenen
Sectionen zugleich angehörten; sie war also nur eine fictive
Normirung. Dies ist klar und deutlich bezeugt in Aristophanes
Plutos V. 1164: Hermes, dem es bei den Göttern nachgerade
zu knapp hergeht, will es bei den Menschen versuchen und
bietet sich in dem Hause des plötzlich reich gewordenen Chre-
mylos zu Dienstleistungen an, die auf seinen verschiedenen
Beinamen beruhen, worauf der Sklave Karion bemerkt: „wie
schön ist es viele Benennungen zu haben; denn dieser fand
dadurch ein Mittel sich seinen Lebensunterhalt zu verschaffen.
Gar nicht dumm machen es die sämmtlichen Richter, die
haufenweis eilen sich unter vielen Buchstaben eintragen zu
lassen[2]).“ Es ist offenbar dass die γράμματα die Verzeich-
nisse der zu jedem Dikasterion gehörigen Richter bedeuten,
und der Vergleich der darin eingetragenen Heliasten mit dem
durch die Menge der Beinamen ausgezeichneten Hermes beruht darauf dass jene durch die wiederholte Eintragung eine
Mehrheit der Benennungen, als zur Abteilung Alpha und Beta und
Gamma gehörig, erlangten: durch diese Vervielfältigung aber
stieg die Aussicht des Einzelnen in Function gerufen zu werden

---

[1]) So seit Matthiae's verdienstlicher Abhandlung *De iudiciis Atheniensium*
(Miscellanea philologica I) p. 253.

[2])　　　　ὡς ἀγαθόν ἐστ᾽ ἐπωνυμίας πολλὰς ἔχειν,
　　　　οὗτος γὰρ ἐξηύρηκεν αὐτῷ βίοτον.
　　　　οὐκ ἐτὸς ἅπαντες οἱ δικάζοντες θάμα
　　　　σπεύδουσιν, ἐν πολλοῖς γεγράφθαι γράμμασιν.

und das Triobolon zu verdienen. Nach Schoemann [1] spielt die Stelle auf einen häufig geübten Betrug an; in den Worten des Komikers aber ist auch nicht die leiseste Andeutung eines solchen und man hätte zunächst klar machen müssen, wie seine Ausführung möglich gewesen wäre. Nach Aristophanes hätten diese betrügerischen Eintragungen alle Heliasten „zu Haufen“, also offenbar vornehmen lassen — waren denn diese gerichtswütigen Athener zugleich von einer solchen Nächstenliebe dass sie gutmütig ihr Vergnügen und ihren Sold sich mindern liessen, ohne Anzeige zu machen? Wurde es bei der Ausfertigung der Legitimationsmarken nicht gemerkt, dass dieser und jener Name in Verbindung mit dem gleichen Vaternamen und Demos schon einmal angegeben war oder war der Schreiber der Listen so einfältig, dass es ihm nicht auffiel, wenn er z. B. im Demos Phlya viele Leute des Namens Chabes fand, deren Vater jedesmal Xanthias hiess? Wenn aber derselbe Mann bei jeder neuen Meldung sich immer einen neuen Namen beilegte oder auch mit dem Vater und Demos dabei wechselte, waren die Leute in Athen einander so unbekannt? Und wenn sie es waren, werden nicht manche Heliasten Physiognomien gehabt haben, die sich den Beamten einprägten und musste nicht sicher bei der Uebergabe der Legitimationstäfelchen eine Anzahl ertappt werden, wenn es häufig vorkam dass derselbe Mann mehrmals erschien um es zu erheben? Hatte sich der bejammernswerte Betrüger aber durch alle diese Schwierigkeiten glücklich durchgewunden, so stand er noch lange nicht am Ende seiner Qualen: täglich sich wiederholende Todesangst hatte während der Ausloosung der Gerichtshöfe seine Triobolons-Gier über ihn verhängt, denn er lief Gefahr dass zwei Abteilungen, in die er unrechtmässig eingeschrieben war, zugleich

---

[1] *De sortitione iudicum*, a. a. O. I 212.

zum Functioniren ausgeloost wurden. Dann war er aber unrettbar verloren: da sämmtliche Heliasten anwesend waren, so konnte Jedermann aus Beta, in welcher Section er gestern gerichtet hatte, ihn denunciren, wenn er heute auf den Aufruf nicht reagirte, da er schon für Alpha ausgeloost war und doch nicht an zwei Stellen zugleich sein konnte. Dass diese mehrfache Ausloosung ihm im Laufe des ganzen Jahres erspart blieb, ist gar nicht denkbar; war er aber entdeckt, so verstand man sicherlich keinen Spass: diejenigen die er geschädigt hatte waren seine Richter, und wenn auf. die unrechtmässige Ausübung des Amtes der Tod gesetzt war, so wird man eine betrügerische Verwaltung desselben auch nicht eben milde angesehen haben.

Es war nötig bei dieser Stelle zu verweilen: sie ist sehr wichtig, denn sie bezeugt eine freiwillige Meldung zu den Eintragungen in die Abteilungen ($\sigma\pi\varepsilon\acute{v}\delta o v\sigma\iota\nu\ \gamma\varepsilon\gamma\varrho\acute{\alpha}\varphi\vartheta\alpha\iota$), und es wäre nicht verkannt worden dass eine solche zu der ganzen Theorie von der jährlichen Ausloosung einer bestimmten Anzahl von Geschworenen schlechterdings nicht passt, wenn das ganze Gebäude, auf dem diese Vorstellung ruht, nicht durch das Zusammentreffen scheinbarer Umstände so wohlgefugt erschienen wäre. Die aus Aristophanes gefolgerten 6000 Heliasten sah man bei Andokides durch ein concretes Beispiel bestätigt, und 500 Mitglieder einer jeden der zehn Sectionen stimmten so gut zu der vorausgesetzten Gesammtzahl, dass die eben behandelten Verse nur einen Missbrauch, nicht die Regel bezeugen zu können schienen, indem die täuschende Sicherheit jener Ansätze eine genaue Prüfung der offenbar nicht zu ihnen stimmenden Aeusserung des Komikers verhinderte.

Den wahren Sachverhalt können wir uns in folgender Weise vorstellen. Sämmtliche Heliasten wurden in eine der zehn Abteilungen eingeloost und erhielten das entsprechende

Legitimationstäfelchen; die wirkliche Stärke der Sectionen
richtete sich also nach der jedes Jahr vorhandenen Gesammtzahl und verschob sich mit derselben. Ausserdem war einem
Jeden freigegeben sich noch für eine in seinem Belieben stehende Anzahl von Sectionen eintragen zu lassen; die Liste
einer jeden wurde aber geschlossen, sobald die Mitglieder die
Anzahl von 500 erreicht hatten. Wer daher an vielen Sectionen
Teil nehmen wollte, hatte Grund sich zu beeilen, wie Aristophanes es andeutet. Durch diese Einrichtung war die Wahr-
scheinlichkeit für jeden Einzelnen täglich zum Fungiren berufen zu werden, wesentlich gesteigert und wir staunen viel
weniger darüber dass die ganze Menge der Geschworenen
sich an jedem Geschäftstage, an welchem keine Volksversammlung stattfand, mit dem Morgengrauen auf dem Markt
einzufinden hatte und dass der Einzelne erst dann erfuhr, ob
er nicht vergeblich gekommen sei [1]): war dies häufig der Fall,
so wäre wol Vielen die Lust vergangen täglich den Weg zu
machen. Zugleich mit den Heliasten erschienen die sechs
Thesmotheten, welchen es oblag die Gerichtstage zu bestimmen
und die an jedem derselben abzuhaltenden Termine anzusetzen; es mussten ihnen daher alle Beamten die bei ihnen
eingebrachten Klagen anmelden [2]). Die Zahl der für jeden
Rechtshandel erforderlichen Mitglieder eines Gerichtshofes war
nach der Höhe des Objectes und der Klagoform fest bestimmt:
die Thesmotheten hatten es also in ihrer Hand, nach der
Maassgabe der vorhandenen Anzahl der Geschworenen die
Verhandlungen auf einen Tag zusammenzulegen, für welche
die gesetzmässige Anzahl der Richter sicher gleichzeitig
aufgebracht werden konnte. Vor dem Beginn der Termine
bildeten sie die Gerichtshöfe in der gerade erforderlichen

---

[1]) Vgl. oben S. 13.

[2]) Pollux 8, 87 οἱ μὲν θεσμοθέται προγράφουσι, πότε δεῖ δικάζειν
τὰ δικαστήρια.

Stärke durch eine Loosung [1]), von welcher die Ekklesiazusen des Aristophanes Vers 682 ff. ein anschauliches Bild gewähren: es wurden zwei Loosbehältnisse (κληρωτήρια) aufgestellt, deren eines Marken, mit den Buchstaben Alpha bis Kappa bezeichnet, für die Richtersectionen enthielt, das andere Loose mit der Bezeichnung der Gerichtsstätten, die für den Tag zu besetzen waren [2]). Den einzelnen instruirenden Beamten standen ihre Tribunale fest, so dass z. B. die dem Archon Eponymos unterstehenden Processe an einer bestimmten Stelle verhandelt wurden, an einer andern diejenigen deren Instruction den Elfmännern oblag [3]). Nachdem die Thesmotheten die Loosung vorgenommen hatten, verkündete der Herold das Resultat. War nun z. B. die Abteilung Alpha zuerst ausgeloost worden und zwar für eine Sache, die 401 Richter erforderte, so waren zunächst die fest zur Section gehörigen Heliasten designirt. Betrug die Zahl derselben etwa 250 und ergab der Namensaufruf 201 davon als anwesend — wir setzen die Zahlen, die zur Veranschaulichung dienen sollen, ganz aufs Geratewohl —, so mussten noch 200 aus den 250 Ergänzungsgeschworenen der Section Alpha dazu geloost werden; als Loosmarken dienten ohne Zweifel die Legitimationstäfelchen. Die Aus-

---

[1]) Pollux 8, 88: (θεσμοθέται) καὶ ταῖς ἀρχαῖς ἐπικληροῦσι τὰ δικαστήρια. C. I. Att. II Add. nova 567b in dem Ehrendecret für einen Thesmotheten: ἐπειδὴ ... ἐπιμελεῖται δὲ καὶ τῆς κληρώσεως τῶν δικαστηρίων. — Demosth. Von der Truggesandtschaft (19) Anfang: ὅση μὲν, ὦ ἄνδρες Ἀθηναῖοι, σπουδὴ περὶ τουτονὶ τὸν ἀγῶνα καὶ παραγγελία γέγονε, σχεδὸν οἶμαι πάντας ὑμᾶς ἠσθῆσθαι, ἑωρακότας ἄρτι τούς, ὅτε ἐκληροῦσθε, ἐνοχλοῦντας καὶ προσιόντας ὑμῖν. Aristophanes Plutos 277. 972.

[2]) Auf diese Loosung hat der Verfasser vermutungsweise eine im Berliner Münzcabinet aufbewahrte Marke bezogen, welche auf der einen Seite ein E, auf der andern vier kreuzweis gestellte Eulen und das Wort θεσμοθ[ε]τῶν zeigt, s. Sallets numismatische Zeitschrift, III S. 383 ff.

[3]) Harpokr. u. Παράβυστον· οὕτως ἐκαλεῖτό τι τῶν παρ' Ἀθηναίοις δικαστηρίων, ἐν ᾧ ἐδίκαζον οἱ ιά. Aristophanes Wespen 1108 οἳ μὲν ἡμῶν οὕπερ ἄρχων, οἳ δὲ παρὰ τοῖς ἕνδεκα, οἳ δ' ἐν ὠδείῳ δικάζουσ', οἳ δὲ κτλ.

gehobenen kamen für die weiteren an dem Tage stattfindenden
Loosungen nicht mehr in Betracht: traf das Loos danach
die Section Beta, so bezog sich also die Bestellung zunächst nur auf die nicht schon für *A* Berufenen, auch wenn
ihre feste Section *B* war; dazu traten, wenn es nötig war, die
Ersatzgeschworenen der Section *B*, die noch übrig waren.
Im Notfalle, d. h. wenn von derselben Section ungewöhnlich
viele Mitglieder sich nicht eingestellt hatten, konnten die zur
Completirung der einzusetzenden Gerichtshöfe noch fehlenden
Mitglieder auch ganz unabhängig von der Sectionszugehörigkeit
bestellt werden; starke Unzuträglichkeiten konnten nur durch
einen Fehler der Thesmotheten bei der Zusammenlegung der
Termine eintreten. Der Gerichtshof wurde δικαστήριον genannt wie die Section; die Bezeichnung ist also doppelsinnig.
Die Bestellung der Gerichtshöfe durch die Thesmotheten hiess
technisch „die Dikasterien voll machen“. πληροῦν τὰ δικαστήρια [1]), ein Ausdruck, der ganz deutlich auf ein ausge-
dehntes Ergänzungssystem weist, wie wir es eben entwickelt
haben und der unmöglich sich bilden konnte, wenn die
Sectionen mit 500 Mitgliedern voll besetzt gewesen wären.
Die gewöhnliche Stärke der Gerichtshöfe war nämlich unter
500 Mitgliedern: dies ist urkundlich bezeugt durch die Bürgerrechtserteilungen enthaltenden Inschriften, welche die Thesmotheten anweisen die Genehmigung des Volksbeschlusses ein-
zuleiten, wann oder wann sie zuerst (ὅταν, ὅταν πρῶτον) einen
Gerichtshof auf 501 Mitglieder bringen, einmal heisst es noch
deutlicher „wenn sie auch ohnedies einen Gerichtshof auf
501 Mitglieder füllen“ [2]). Diese officielle Sprechweise ist nur
denkbar, wenn Gerichtshöfe von 500 Mitgliedern die Aus-

---

[1]) S. die oben S. 36 f. angeführten Inschriften, dazu Lysias 26, 6. Isaios
6, 37. Demosthenes 21, 209. 24, 58. 92. Pollux 8, 145. — παραπληροῦν
δικαστήρια: Boeckh, Seeurkunden XIV Zeile 211.

[2]) C. I. Att. II 401 τοὺς δὲ θεσμοθέτας, ὅταν καὶ ὡς πληρῶσιν δι-

nahme, nicht die Regel bildeten; es war auch vorauszusetzen
dass eine Zahl von Geschworenen, welche hinreichend erschien einen zweimaligen Volksbeschluss zu revidiren und zu
bestätigen, schon als eine hohe und besondere angesehen
wurde. Der Verfasser der Schrift vom Staate der Athener
hebt allerdings die grosse Anzahl der jedesmal fungirenden
Geschworenen hervor, welche Umtriebe und Bestechungen er-
schwerte [1]), und nach Demosthenes 21, 223 müssen wir voraussetzen dass die geringste Zahl der Mitglieder eines Dikasterion
200 betrug [2]). Pollux 8, 48 giebt an, dass ein Gerichtshof von
dieser Stärke über Objecte bis zu 1000 Drachmen entschied,
die in der Form der Phasis eingeklagt waren, während bei
einer höheren Summe 400 Geschworene erforderlich gewesen
seien, aber es ist mehr wie wahrscheinlich, dass wie Heffter
vermutet hat [3]) diese Angaben zu verallgemeinern und auf
alle Klagen die Eigentumsansprüche erhoben, abgesehen von
ihrer Form, zu beziehen sind. 1000 Drachmen waren aber
nach den ökonomischen Verhältnissen des alten Hellas schon
eine recht hohe Summe und vollends Klagobjecte, welche
diesen Betrag überstiegen, kamen gewiss nicht alle Tage vor.
Wir müssen bedenken, dass die schweren Criminal- und politischen Fälle uns natürlich am meisten überliefert sind, aber

καστήριον εἰς ἕνα καὶ πεντακοσίους δικαστάς, εἰσαγαγεῖν τὴν δοκιμασίαν κτλ.

[1]) III 7. Die Stelle ist lückenhaft und verdorben; ihr Sinn ist aber
von Schneider und Kirchhoff zweifellos richtig hergestellt: φέρε δή, ἀλλὰ
φήσει τις χρῆναι δικάζειν μέν, ἐλάττους δὲ δικάζειν. ἀνάγκη τοίνυν, ἐὰν μὲν
ὀλίγα ποιῶνται δικαστήρια [μὴ ἐπαρκεῖν ἐὰν δὲ πολλὰ ποιῶνται δικαστήρια,] ὀλίγοι ἐν ἑκάστῳ ἔσονται τῷ δικαστηρίῳ ὥστε καὶ διασκευάσασ-
θαι ῥᾴδιον ἔσται πρὸς ὀλίγους δικαστὰς καὶ συνδεκάσαι, [ὥστε] πολὺ ἧττον
δικαίως δικάζειν.

[2]) καὶ γὰρ αὐτὸ τοῦτο εἰ 'θέλοιτε σκοπεῖν καὶ ζητεῖν, τῷ ποτ' εἰσὶν
ὑμῶν οἱ ἀεὶ δικάζοντες ἰσχυροὶ καὶ κύριοι τῶν ἐν τῇ πόλει πάντων, ἄν
τε διακοσίους ἄν τε χιλίους ἄν θ'ὁπόσους ἡ πόλις καθίσῃ ..., εὕροιτ' ἄν ...
τῇ τῶν νόμων ἰσχύι.

[3]) Die athenäische Gerichtsverfassung S. 55.

doch in Wirklichkeit am seltensten waren, und häuften sie
sich, so lag kein Zwang vor die besonders starke Gerichtshöfe erfordernden Klagen an demselben Tage zur Verhandlung
zu bringen. Da also der für die erkennenden Commissionen
erforderlichen Geschworenen in der Regel viel weniger waren
als 500, die fictive Zahl der Sectionsmitglieder, so war das
Geschäft der täglichen Ausloosung auch viel weniger compli-
cirt und zeitraubend als es zunächst den Anschein hat: es
wären im Gegenteil Sectionen von je 500 wirklichen Mitgliedern sehr unzweckmässig gewesen und es hätte fast immer
ein grosser Teil der Geschworenen in jeder Section, welche
berufen wurde, wieder ausgeschlossen werden müssen. Gewöhnlich genügten gewiss die in jeder Abteilung fest vorhandenen
Mitglieder und die Zuziehung der Ersatzmänner war verhältnissmässig nur selten nötig. Die uns zufällig überlieferten
Zahlen der einzelnen Gerichtshöfe und sonstigen heliastischen
Commissionen sind die folgenden:

200 a) als Prüfungs-Commission der Dispensationsgesuche
von Trierarchen: Böckh Seeurkunden, No. XIVa
Z. 209 ff. (Seite 464; vgl. S. 210).

b) bei einem Object unter 1000 Drachmen. Pollux 8, 48.

400 bei einem Object über .1000 Drachmen. Pollux ebenda.

500 a) bei der Confirmation von Bürgerrechtserteilungen.
S. oben S. 36 f.

b) bei einem Process wegen falschen Zeugnisses. Isaios
5, 20.

c) bei den Euthynenprocessen. Aristoteles in Porsons
Photius App. p. 672, 25.

d) bei Körperverletzung mit tötlichem Ausgange: Rede
g. Neaira 10. In einem ähnlichen Fall sind bei Isokr.
18, 54 700 Geschworene, vielleicht falsch, überliefert.

1000 a) bei Eisangelien. Pollux 8, 53. Demosthenes 24, 9.

b) als Nomothetencommission. Pollux 8, 101.

1500 bei Eisangelien nach Pollux 8, 53. So stark war der
      Gerichtshof im harpalischen Process gegen Demosthenes,
      (Deinarch gegen Demosthenes 107) und in dem auf An-
      trag des Drakontides eingeleiteten Process gegen Pe-
      rikles (Plutarch Perikles 32).

2000 Geschworene sollten nach einem Volksbeschluss die
      von Agoratos Denuncirten richten; da die inzwischen
      eingesetzten Dreissig die Gerichte suspendirt hatten,
      wurde die Sache vor dem Rate verhandelt. Lysias
      13, 35 (Vgl. Blass Die attische Beredsamkeit I S. 554 ff.).

2500 in dem Eisangelienprocesse gegen Pistias Deinarch g.
      Demosthenes 52.

2500 ist demnach die grösste nachweisbare Anzahl der
Geschworenen, und dieselbe erscheint so hoch dass sie erheb-
lich gewiss niemals überstiegen worden ist. Wenn etwa jeder
zehnte Mann von der gesammten Bürgerschaft Richter war,
während doch ein starker Bruchteil derselben von vornherein
nicht in Betracht kommen konnte, so werden wir auch einer
solchen Anzahl gegenüber den Athenern die Anerkennung
nicht versagen, dass ihre Bereitwilligkeit die Lasten des
Staates zu übernehmen eine so grosse gewesen ist wie kaum
bei einem andern Volke. Bei einer Gesammtzahl von 2500
Heliasten würde im Durchschnitt Jeder ausser seiner festen
Section nur noch einer als Ersatzmann angehört haben und
wenn wir annehmen dass sich 2000 wirklich jeden Tag zum
Dienste stellten, so konnten 10 Commissionen mit der gewöhnlich ausreichenden Anzahl von je 200 Mitgliedern besetzt werden. Selbst wenn einmal 1000 oder 1500 Geschworene für ein Dikasterion nötig waren, so wurden für denselben
Tag die Ansetzung weiterer Verhandlungen noch nicht verhindert und ernste Ungelegenheiten sind nicht denkbar, auch
wenn nicht in jedem Jahre 2500 Geschworene zur Verfügung
gewesen sein sollten. Wenn aber eine feste Anzahl normirt

gewesen wäre, so hätte man gewiss zu einer niedrigeren als 6000 gegriffen, auch wenn diese zu erreichen möglich gewesen wäre oder man hätte um sie zweckmässig zu verwenden, wenigstens die Anzahl der Sectionen erst erhöhen müssen.

Da nach dem dargestellten Systeme der täglichen Bildung der Gerichtshöfe nicht immer nur die Genossen derselben Section zusammensassen und wiederum für ein Collegium ein Ausschuss aus einer Section ausreichen konnte, so genügte beim Eintritt in die Gerichtsstätten die Legitimation der bronzenen Täfelchen nicht. Es waren daher nach dem Zeugniss des Aristoteles die einzelnen Gerichtsstätten durch Anbringung eines Buchstabens über der Eingangstür und durch die Färbung ihrer Oberschwelle unterschieden und der zum Fungiren ausgelooste Heliast erhielt einen Stab, der mit der gleichen Farbe und demselben Buchstaben bezeichnet war [1]). Vermutlich gegen Abgabe dieses Stabes übergaben ihm beim Eintritt in die Gerichtsstelle öffentliche Sklaven eine Marke, σύμβολον [2]), die vor den Kolakreten, der zur Auszahlung des Soldes von 3 Obolen beauftragten Behörde [3]), nach Schluss der Sitzung als Beweis der Teilnahme diente. Die Gerichtsstätten lagen am Markte [4]), also traten die Geschworenen unmittelbar von dem Loosungsorte in jene ein.

---

[1]) Aristoteles im Scholion zu Aristophanes Plutos 278 (Vgl. Böckh, Kleine Schriften VII p. 478 ff.). Demosth. Kranzrede 210 καὶ παραλαμβάνειν γε ἅμα τῇ βακτηρίᾳ καὶ τῷ συμβόλῳ τὸ φρόνημα τὸ τῆς πόλεως νομίζειν ἕκαστον ὑμῶν δεῖ, nachgeahmt von Libanios (Hermes IX S. 58, 23): μετὰ τοῦ συμβόλου καὶ τῆς βακτηρίας τὴν ἔμφυτον τῇ πόλει φιλανθρωπίαν ἀπειλήφατε.

[2]) Ausser den in der vorigen Anmerkung angeführten Stellen s. Suidas u. βακτηρία καὶ σύμβολον· οἱ λαχόντες δικάζειν ἐλάμβανον παρὰ τῶν δημοσίων ὑπηρετῶν σύμβολον καὶ βακτηρίαν καὶ οὕτως ἐδίκαζον ... τὸ μέντοι σύμβολον μετὰ τὴν κρίσιν ἀποδιδόντες ἐκομίζοντο τριώβολον.

[3]) Scholion zu Aristophanes Vögeln 1541.

[4]) Isokrates 7. 54. Vgl. E. Curtius, Attische Studien II S. 41.

Für dies uns bekannte Verfahren der Dikasterienbestellung
aus feststehenden Sectionen haben wir kein Zeugniss, das
über das Jahr des Eukleides hinauswiese; auch die Komödien
des Aristophanes die davon sprechen, die Ekklesiazusen und
der Plutos, sind jünger als dies in die Entwickelung der attischen Verfassung tief einschneidende Jahr 403.   Ein Richter-
täfelchen aus dem fünften Jahrhundert ist bisher noch nicht
zum Vorschein gekommen; wir haben also noch kein Recht
dies System für älter zu halten als die Reformen unter dem
Archon Eukleides.   Dass bei der Einsetzung der Heliasten
sogleich ein Mittel gefunden sein muss die ihnen übertragene
Arbeitslast zu teilen, ist nicht zu bezweifeln; ob es aber in
der späteren Weise geschah, können wir nicht ausmachen.
Vielleicht beschränkte sich immer die jährliche Einloosung
in die Sectionen nur auf die neu eintretenden Geschworenen:
es lässt sich kaum ein zureichender Grund denken die Leute
nicht dauernd in derselben Abteilung zu lassen. Auf eine längere
Anwendung scheinen auch die monumentalen bronzenen Legitimationstäfelchen berechnet zu sein, und wenn dasselbe
Wahrzeichen dem Athener diente, so lange er das Heliastenamt bekleidete, so mochte er es um so eher mit ins Grab
nehmen als ein Zeugniss dass er an den höchsten Rechten
der Souveränetät in seinem Lande teilgenommen hatte.

———

Wenn wir aus unsern Einzeluntersuchungen die Summe
ziehen, so sehen wir in der attischen Heliaia den Gedanken
der Volksgerichtsbarkeit in einer radicalen und ganz eigenartigen Weise verwirklicht.   Die Jurisdiction ist als ein Prä-
dicat der Souveränetät angesehen und von der Ausübung der
übrigen Souveränetätsrechte nicht getrennt worden.   Sie konnte
daher nicht in die Hände von Beamten gelegt werden; vielmehr
konnte das Volk als Souverän nur eine legitime Vertretung

seiner Gesammtheit mit der Rechtsprechung betrauen und die
Mitglieder dieser die letzte Hoheit des Staates darstellenden Vertretung hat es für die eigentliche gesetzgeberische Tätigkeit in
eine ständige Körperschaft nach der Analogie der Ekklesie
constituirt. Es wäre ein Widerspruch gewesen, wenn das Volk
die seine eigene allgemeine Versammlung einschränkende Körperschaft in derselben Weise bestellt hätte wie die seinen Willen
ausführenden Beamten: wie die Berechtigung zur Teilnahme
an der Ekklesie als selbstverständlich aus dem blossen Be-
sitze des Bürgerrechtes folgt, so konnte auch die Mitgliedschaft
der analogen Körperschaft, der engeren Darstellung des Volkes,
nicht erst durch ein besonderes Mandat erworben werden.
Das Wesen der Institution widerlegt vollends die äusserlich
nicht beglaubigte Berufung in die Heliaia durch einen Wahl-
act. Die jährliche Meldung ist nur aus Gründen der Zweck-
mässigkeit erforderlich: dieselbe .constatirt einerseits die Bereitwilligkeit zur Uebernahme der heliastischen Functionen
und fordert andererseits zu Prüfung der Legitimation dazu
auf. Der in die Richterlisten Eingetragene ist Privatmann
nach wie vor: Aristoteles würde sagen, dass er der Möglichkeit nach, δυνάμει, ein öffentliches Mandat hat; er erhält es
erst wirklich, wenn er zur Teilnahme an der Erledigung bestimmter vorliegender Aufgaben durch die jeden Morgen stattfindende Loosung der Thesmotheten berufen wird. Tatsächlich
werden aus der ganzen Masse der berechtigten Bürger, welche
durch ihre Meldung bei den Archonten die allgemeine, durch ihr
Erscheinen auf dem Markte die besondere Bereitwilligkeit zur
Uebernahme der heliastischen Geschäfte kundgegeben hatten,
die für den Tag competenten Richter bestellt: in diesem Sinne
kann man von einer durch das Loos aus allen Bürgern er-
folgenden Ernennung der Richter sprechen. Denn auch für
jede andere öffentliche Function sind immer nur von den Berechtigten diejenigen zur Loosung oder Wahl gestellt worden,

welche sich vorher zur Annahme des Mandates bereit erklärt hatten.

Es war ein des attischen Volkes würdiger Gedanke in eine aus den reifen Männern gebildete Vertretung des Demos den letzten Ausdruck der Staatshoheit zu verlegen und damit eine den heutigen Parlamenten überraschend ähnliche Institution zu schaffen. Wir werden diesen Gedanken als einen schöpferischen und fruchtbaren anerkennen, aber wir werden es auch als einen schweren Mangel in der Organisation des attischen Staates zugeben müssen, dass der eigenartigen und geistvollen Ausbildung des beratenden Elementes die gleiche Bemühung einen zweckmässigen und sicheren Verwaltungsapparat und eine kräftige Executive zu schaffen nicht entsprochen hat. Auch die Betrauung einer die höchste Souveränetät ausübenden Körperschaft zugleich mit der Jurisdiction war eine Einrichtung, welche die schlimmsten Keime in sich trug und gezeitigt hat. Wenn dasselbe Organ das Recht zu setzen und anzuwenden hat, wenn der Richter befugt ist für jeden einzelnen Fall eigenes Recht nach der einzigen Richtschnur seines Gewissens zu schaffen, so ist die Gesetzgebung im Grunde eine unwirksame Massregel, die Rechtsnormen und Rechtstraditionen nicht hervorbringen kann: sie beschränkt die Willkür des Richters nur so weit als dieser sein Urteil durch sie beeinflussen zu lassen von selbst geneigt ist. Bei dem angenommenen Grundsatze von der Stellung des Richters musste die Legalität jedes seiner Sprüche durch die blosse Tatsache seiner Fällung erwiesen sein und es konnte weder eine Instanz geben, welcher eine Revision desselben zu übertragen gewesen wäre, noch wären objective Kriterien auffindbar gewesen, nach welchen dieselbe vorgenommen werden sollte. Die Stimmung des Richters in dem Augenblick, in welchem er seinen Stein in die Urne legte, entschied demnach unwiderruflich über Leben und Tod, über Ehre und Schande,

über Reichtum und Elend, und es kam für die Parteien und
deren Vertreter Alles darauf an, dass die Stimmung dieses
Augenblicks eine für sie günstige sei. So war der seit Antiphon sich üppig entwickelnden advocatischen Redekunst ein
unbeschränktes Feld eröffnet, und man hat wohl gelernt zur
Erreichung seines Zweckes alle Leidenschaften des Volkes,
Furcht, Mitleid, selbst den Eigennutz in Bewegung zu setzen
und nicht bloss die in Frage kommenden Handlungen unter
irgendwelchen schreckenden oder einnehmenden Gesichts-
punkten darzustellen, sondern auch durch die Herbeiziehung
ganz fremder Momente, vor Allem des politischen Verhaltens
und der dem Staate irgendwie erwiesenen Dienste auf die
Geschworenen einzuwirken. Die darin begangenen Ausschreitungen sind ganz ungeheuerlich: man entschliesst sich schwer
es als beglaubigt anzuerkennen, dass die Notwendigkeit zur
Vermögensconfiscation zu verurteilen den Richtern durch das
Argument einleuchtend gemacht werden konnte, dass sonst
dem Staate die Mittel ausgehen möchten ihnen den Heliasten-
sold zu zahlen [1]. Kaum minder verwerflich ist die Sitte
dass die Freunde und Angehörigen des Beklagten, seine Demen-
genossen, seine alten Eltern, Geschwister, seine Frau und
kleinen Kinder oft schreiend und wehklagend während der
Verhandlung den Richtern vorgeführt wurden, um ihr Mitleid
zu erwecken [2]. Ganz offenbar ist durch die allgemeine
Uebung und Duldung dieses Missbrauches anerkannt, dass die
einzige Norm für die Urteilsfindung das subjective Belieben

---

[1] Lysias 27, 1 ἐνθυμεῖσθαι δὲ χρή, ὅτι πολλάκις ἠκούσατε τούτων
λεγόντων, ὁπότε βούλοιντό τινα ἀδίκως ἀπολέσαι, ὅτι, εἰ μὴ καταψη-
φιεῖσθε ὧν αὐτοὶ κελεύουσιν, ἐπιλείψει ὑμᾶς ἡ μισθοφορά.
[2] Vgl. z. B. Aristophanes Wespen 568. Lysias 18, 24. 20, 34. 27, 12.
30, 31. Demosthenes 19, 310. Aischines Truggesandtschaft 147 ff. 179.
Hypereides, Für Euxenippos XLIX, 17.

des Richters ist, auf das einzuwirken ausser der Bestechung kein Mittel durch das Gesetz für unstatthaft erklärt ist.

Gegen diese Mängel ist man nicht blind gewesen und wir staunen, welches Misstrauen gegen die Gerechtigkeit ihrer Sprüche der souveränen Körperschaft ausgesprochen werden konnte. „Ihr Männer von Athen", ruft Demosthenes aus, „die grössten und offenbar überführten Verbrecher lasset ihr frei, wenn sie eine oder zwei geistreiche Wendungen vorbringen und wenn ein Paar von den Phylen gewählte Anwälte Fürbitte einlegen; wenn ihr aber trotzdem verurteilt, so setzt ihr als Strafe 25 Drachmen"[1]) und Aischines sagt den Heliasten „von dem was zur Sache gehört lasset ihr euch oft durch List und Spiegelfechterei abführen"[2]); in der xenophontischen Schrift über die Verteidigung des Sokrates (4) heisst es, dass die attischen Gerichte oft durch Reden verführt ganz Unschuldige hätten hinrichten lassen, während sie Uebeltäter, deren Rede Mitleid erweckt oder gefällig gewesen wäre, freigesprochen hätten. Dass trotz der Erkenntniss des Uebels kein Versuch gemacht ist ihm zu steuern, könnte Wunder nehmen, aber die Mängel der Gerichtsorganisation entsprangen tief aus den Wurzeln der allgemeinen Anlage des hellenischen Geistes und wir söhnen uns mit ihnen aus, wenn wir uns besinnen dass mit gleicher Notwendigkeit aus denselben Eigenschaften auch die grossen und unvergänglichen Leistungen der Kunst und der Poesie hervorgegangen sind. Beides war die Folge der unbegrenzten Freiheit, welche der Individualität zuerkannt wurde: nicht unter irgend eine Norm, unter eine ausgesprochene Regel ziemt es dem Menschen sich zu beugen, sondern nur sein Inneres harmonisch und schön auszugestalten und dessen Impulsen zu folgen. Das ganze attische Staatswesen beruht auf

---

[1]) Demosth. 23, 106.
[2]) Aischines g. Timarch 178. Vgl. auch Demosth. 20, 166.

der idealistischen Voraussetzung von der Trefflichkeit des Einzelnen, von seiner Opferfähigkeit und von seiner Bereitwilligkeit die eigene Person an das allgemeine Wohl hinzugeben,
und auch die Volksgerichte sind auf Grund derselben Annahme organisirt gewesen, dass das Wohl des Ganzen in
den Bürgern mächtiger sein werde als die Regungen und
Wünsche der eigenen Person. Wie das übrige Staatswesen
werden auch die Gerichte wohl bestellt gewesen sein, so lange
die bei ihrer Einsetzung vorausgesetzten Eigenschaften häufig
waren, wie jenes sind sie gesunken, da man nicht vermocht
hat gegen die Willkür der Individuen allgemein verbindende
Garantien zu schaffen. Dass die attische Verfassung für Verwaltung und Recht nicht Normen zu finden gewusst hat,
welche die Freiheit der Person unter dem Gesichtspunkt des
Staates wirksam beschränkten, dass man anstatt die Individualität der Bürger unter das Joch der Gesetze zu beugen, das
Gesetz gezwungen hat sich wie ein Sklave, dessen Dienste man
bald annehmen und bald verschmähen kann, der individuellen
Willkür unterzuordnen: das hat den Staat wie ein Tropfen
schleichenden Giftes den gesunden Körper sicher aufreiben
müssen, und als der Makedone kam, war das Gebäude morsch
genug um unter seinem Fusstritt zusammenzubrechen. Der
Irrtum aber, an dem der attische Staat zu Grunde gegangen
ist, war die schöne und nie auszutilgende Täuschung von der
für sich genügenden Einsicht und Hoheit der Menschennatur
und das Volk, dessen Idealismus alles edle Menschentum vor-
bildlich ausgeprägt hat, musste in seinen Einrichtungen auch
den ewigen Irrtum des Idealismus wiederspiegeln. Trotzdem
aber hat jede Bereicherung unseres Wissens über die Anlage
des attischen Staates es zur Anerkennung gebracht, dass in
ihr nicht Planlosigkeit und Laune sondern Ordnung und Vernunft geherrscht hat: wenn die Athener es vermocht hätten
das Recht des Staates gegenüber dem Willen des Einzelnen

scharf zu erfassen, so hätten sie aufhören müssen Athener zu
sein, und so ist das attische Staatswesen zwar ein Kosmos
gewesen, aber seine Ordnung ruhte auf einem unzulänglichen
Princip, auf dem unbedingten Vertrauen zu dem Wollen und
Können der Bürger.